KB144731

엔지니어를 위한

비주얼 씽킹과
프레젠테이션

허완철 · 이봉규 지음

BM 성안당

레오나르도 다 빈치는 노트 광으로 알려져 있다. 다 빈치는 평소 생각을 그림으로 기록하길 즐겼는데, 그의 노트는 빌 게이츠가 3,100만 불에 구입해 화제가 되기도 했다.

그는 '내 생각의 메커니즘에 있는 물리적인 요소는 말이나 글이 아니라 『기호』와 어느 정도 명확한 『이미지』이며, 이들은 자발적으로 생성되고 결합될 수 있다'라고 말할 정도로 그림으로 생각하는 사람이다.

신대륙 탐험을 계획했던 콜럼버스는 프랑스와 포르투갈을 비롯해 여러 나라의 지원을 요청했지만 거절당했다. 하지만 포기하지 않고 결국 에스파냐의 이사벨 여왕의 마음을 잡는 데 성공했다. 설득의 비결은 장황한 설명이 아니라 신대륙에서 진귀한 물건과 금은보화를 싣고 들어오는 배가 그려진 그림 한 장이었다.

> *그림 한 장은 어떠한 말보다 명확한 비전을 제시하고 진정한 공감을*
> *끌어낼 수 있다.*

필자가 삼성에서 정년퇴임할 무렵, 30여 년간 시스템을 그려 오던 경험을 후배들에게 또는 사회에 나갈 준비를 하는 학생들에게 어떻게 전달할 수 있을까 고민을 시작하였다.

그러던 차에 MIT news에 나온 〈Visual thinking for engineers〉라는 기사를 우연히 보게 되었는데, '나와 비슷한 생각과 고민을 하는 사람들이 있구나.'라는 사실을 알게 되었다. 그래서 시스템을 그림으로 그려서 생각하는 방법에 대해 책을 써야겠다고 결심했다.

어떠한 이론이나 방향 제시 위주가 아닌, 현장 실무에서 경험한 사례를 위주로 제시함으로써 학생이나 기업의 엔지니어들이 현업에 바로 활용할 수 있도록 구성하였다.

1부에서는 시스템을 그리기 시작한 계기부터 시스템을 설계할 때 그림을 그리는 (다이어그램) 각종 사례 그리고 실무에 적용한 사례를 소개한다. 시스템과 시스템 엔지니어링의 개념도 정리하였다. 2부에서는 생각을 그림으로 논리적으로 그리는 구체적인 방법과 효과적으로 표현하는 방법을, 3부에서는 실제 사업에 적용하기 위하여 프로젝트의 이해를 돕고, 사업을 수주하는 데 필요한 제안서, 프레젠테이션을 준비하는 데 도움이 될 만한 실전 사례를 제시하였다.

이 책에서 사용하는 도식, 그림 등은 대부분 필자가 실제 현장 실무에서 직간접적으로 작성하거나 사용한 내용을 기준으로 작성하였다. 또한 전체적인 틀(프레임)을 알아보면 되며 일부 기업비밀의 문제가 우려되므로, 일부 내용은 윤곽만 알아볼 수 있게 편집하였다.

이 책의 또 다른 목적은 설계와 발표(프레젠테이션)을 필수적으로 수행해야 하는 학생들 또는 기업의 엔지니어들에게 다른 사람이나 자료들에 비해 차별화를 만들 수 있도록 하기 위함이다. 따라서 독자들이 경쟁에서 상대보다 조금이라도 좋은 평가를 받을 수 있도록, 필자가 조달청 평가에 적용한 설계서와 프레젠테이션 경험, 사례들을 가능한 많이 제시하였다. 이 책을 통해 부디 경쟁력 있는 엔지니어로 성장할 수 있기 바란다.

그동안 함께 시스템을 설계한 회사의 선후배, 동료 여러분들(조달청에서 치열하게 선의의 경쟁을 해 온 경쟁사를 포함해서), 평가위원으로서 충고를 해주신 교수님들, 각 분야 전문가들께 감사를 드린다. 특히 필자가 시스템 엔지니어로 발돋움하는 중요한 전기를 만들어주신 사부 박원서 님, 이 책을 쓰도록 계기를 주고 지도해 주신 이 봉규 교수님, 그리고 회사 업무에 전념할 수 있도록 믿고 함께 살아온 우리 가족들에게 감사를 표한다.

영원한 시스템 엔지니어 **허완철**

목차 CONTENTS

PART 1 시스템 설계

PART 2   시스템 그리기

목차 CONTENTS

Part 1

시스템 설계

01

엔지니어로서의 소중한 경험

생각 그리기와 시스템은 어떤 관계가 있을까?

필자가 이러한 화두를 던진 이유는 엔지니어들의 주된 업業이 시스템을 설계하는 일이기도 하고, 생각을 그려서 구체화하는 것이 시스템을 설계하는 첫 단계라고 생각하기 때문이다.

필자는 30여 년 동안 시스템 설계에 종사해왔다. 이 책에서는 입사한 지 얼마 안 된 회사 초년생 시절부터 좋은 선배들을 만나 배우고 익혀왔던 경험들을 소개하고자 한다.

처음에는 뭐가 뭔지 모르다가 어느 순간, 고객의 요구사항을 듣고 나름 어떠한 절차로 구체화하여 컨설팅한 후에 계약에 이르렀고, 결국 생각한 대로 시스템을 구축하게 되었다.

돌이켜 보면 그 첫 단계가 생각을 그림으로 그려보고 정리하는 것이었다.

이 책에서는 필자가 이 책을 쓰기로 결심하게 된 동기를 제공한 '그림을 그려서 생각을 정리하고 시스템을 설계하기'를 소개하고자 한다.

설계 목표의 설정

시스템 설계의 시작

어느 날 영업사원인 박○○ 대리에게 한국전력에서 시스템 구축이 가능한지를 알려달라는 연락이 왔다. 하필 점심시간이었기 때문에 시스템 구축에 대해 잘 알고 있는 상사는 자리를 비운 상태였다.

전달된 내용(기억을 돌이켜 보면)

"대관령 산꼭대기에 있는 대형 저수지에서 강릉 시내에 있는 발전소까지 터널이 뚫려 이 낙차를 이용하여 발전을 하고 있다. 멀리 떨어져 있는 저수지와 낙차용 수로의 입구 부분을 최소 4개의 영상으로 모니터링하고, 카메라 PTZ 제어를 하고 싶다.
어떤 방법이 있을까?"

PTZ, Pan Tilt Zoom

관련 환경 요소를 파악하다

"음, 입력 조건(카메라*4)은 대관령 산꼭대기에 있군. 출력 조건(Monitor/Control)은 저 아래에 있는 발전소에 있고…. 전송 선로를 통해 영상을 전송하면 될 것 같은데…."

당시는 인터넷이 없던 시절이므로 자동차에 있던 관광 지도를 이용하여 설계하였다.

그렇다면 어떤 문제가 있을까?

국내에 CCTV 관련 업체나 전문가도 많은데, 왜 하필 우리에게 연락이 왔을까? 일단 그림으로 그려볼까?

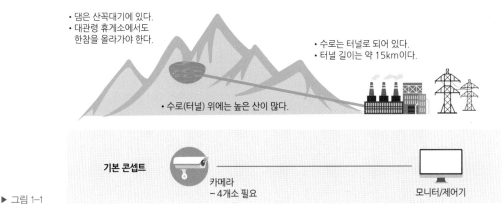

- 댐은 산꼭대기에 있다.
- 대관령 휴게소에서도 한참을 올라가야 한다.

- 수로는 터널로 되어 있다.
- 터널 길이는 약 15km이다.

- 수로(터널) 위에는 높은 산이 많다.

기본 콘셉트

카메라
－4개소 필요

모니터/제어기

▶ 그림 1-1

생각을 좀 더 기술적으로 표현해보기

유사 사례 검토

입력 조건(카메라 부문)

- 4개 카메라: 4분할 장치를 이용하면 1개의 채널로 묶을 수 있다. (○)
  : 전송용 코덱(CODEC)은 원격영상회의 사업 때 적용했던 것을 사용하면 문제 없을 것 같다. (○)
- PTZ 제어: 전용 제어기나 DTMF 제어기 등과 같이 가격만 적정하면 어떤 것을 사용해도 무난할 것 같다. (○)
- 영상 및 제어 신호 전송 방법은 좀 더 생각해보자. (△)

출력 조건(모니터 부문)

- 코덱 출력 신호를 이용하여 그대로 모니터에 접속하면 바로 사용할 수 있다. (○)
- 제어 신호 전송도 양방향 전송망이면 별 문제가 없을 것 같다. (○)

전송 조건

- 장거리 전송을 위해 F/O, μ-Wave, 위성통신 방식이 사용되는데, 이 조건에서는 어떤 방식이 좋을 것인지가 가장 큰 고민거리이다. (△)

참고할 만한 사례

- 포항제철소의 서울-포항-광양 원격영상회의 시스템과 유사하게 구성하면 될 것 같다.
- 그렇다면 어떤 문제점이 있을지 처음부터 다시 검토해보자.

코덱
Coder/Decoder Analog↔
Digital 변환 장치

DTMF
Dual Tone Multi Frequency.
전자식 교환기의 톤(Tone) 방식으로, 2개의 주파수를 합성하는 방식

F/O
Fiber Optic.
광케이블 전송 방식

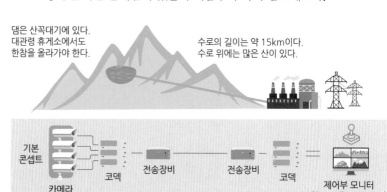

▶ 그림 1-2

제약 조건 검토하기

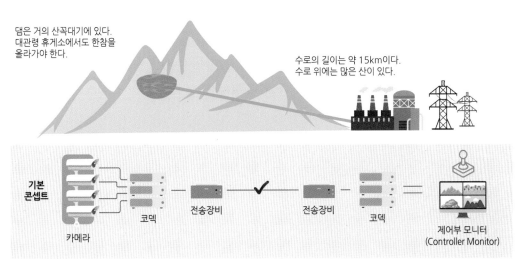

댐은 거의 산꼭대기에 있다. 대관령 휴게소에서도 한참을 올라가야 한다.

수로의 길이는 약 15km이다. 수로 위에는 많은 산이 있다.

기본 콘셉트

카메라 · 코덱 · 전송장비 ✓ 전송장비 · 코덱 · 제어부 모니터 (Controller Monitor)

▲ 그림 1-3

이 그림을 벽에 걸어놓고 잘 살펴보면 영상 신호와 제어 신호를 주고받는 하드웨어와 관련된 기능은 별 문제가 없어 보이지만, 이 신호들을 전송하기 위한 전송 선로 부문에 문제가 있어 보인다(✓).

전송 방법

- 장거리 전송을 위해 F/O, μ-Wave, 위성통신 방식들이 사용된다.

예상되는 제약 조건

LOS
Line Of Sight,
두 주체 간에 시야를 가리는 장애물이 없는 상황

T1, 1,544Mbps
E1, 2,048Mbps

http://wchsutah.org
▲ 그림 1-4

- 입력부와 출력부, 즉 산꼭대기와 강릉 시내 사이에는 높은 산이 많다. 즉, 유선 전송 방식을 적용하려면 비용도 비용이지만, 위험성이 매우 높고, 유지보수에 막대한 비용이 예상된다.
- 무선 전송 방식을 적용할 경우 LOS가 형성되지 않으므로 다른 방식을 사용해야 할 것 같다. 그 대안은 다음과 같다.

  1안: 위성통신을 사용하면 별 문제가 없겠지만, 최소 T1/E1급 회선이 필요한데, 임대비용이 막대할 것 같다.

  2안: Microwave Reflector(그림)를 사용할 수 있지만, 이 방법도 선로 설치비용이 매우 클 것 같다.

- 다른 방식은 본 적도 없고 떠오르지도 않는다. 어떻게 할까?

기본 설계 그리기

약 2시간 동안 이러한 사항을 고민한 끝에 다른 방법이 없다는 결론을 내렸다. 따라서 검토한 과정과 내용을 고객이 알아보기 쉽게 평상시 방식대로 2페이지로 요약하여 팩스를 보내고 늦은 점심식사를 하러 나갔다. 당시 2페이지로 정리한 검토서는 다음과 같다.

당시는 PC가 상용화되기 전이어서 연필로 그렸다.

대관령 발전소 저수지 원격 모니터링 시스템 기술 검토

1 개요

(앞에서 설명한 고객 요구사항을 요약하였다.)

2 구성

2-1 전체 시스템 구성도

요구사항을 수행하기 위한 시스템 구성도

댐은 거의 산꼭대기에 있다.
대관령 휴게소에서도
한참 가야 한다.

수로의 길이는 약 15km이다.
수로 위에는 많은 산이 있다.

기본
콘셉트

카메라　코덱　전송 장비　전송 장비　코덱　제어부 모니터
(Controller Monitor)

▲ 그림 1-5

2-2 제약 조건에 대한 대안 검토

유선과 무선통신에 대한 각각의 구성 방안 및 문제점을 표로 정리

3 기능

각 소요 설비에 대한 주요 기능 설명

4 사양

각 소요 설비에 대한 주요 사항 부분이나 t.b.d로 미작성

5 소요 예산

사업 진행 여부 불투명으로 t.b.d로 미작성

태백산맥

남한강　도암댐　압력 조절 수조　강릉시
수계　취수탑　　　　　　　　　　남대천
　　　저수지　도수 터널　　　　강릉 수력
　　　　　　　수직 수압 터널　　발전소
평창군
송천　　　　　　　　　수평 터널

▲ 그림 1-6

발전소의 전체적인 구조는 이와 같이 생겼다고 한다.

t.b.d , to be defined
아직 정의되지 않았다는 의미

식사를 하고 들어오니 한국전력에서 내일 회사로 들어와 좀 더 자세히 협의하자는 연락이 왔다고 한다.

Microwave는 3~30GHz를 말하며, 직진성을 갖고 있어 시야(LOS)를 가리는 장애물에 의해 차단되는 특성이 있다.

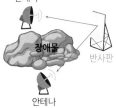

▲ 그림 1-7

반사판은 거울과 같이 전파를 반사시키는 판(Plate)으로, 전송로 사이에 높은 산이 있는 경우 우회해서 통신할 수 있다.

필자: 기본적으로 시스템을 구성하는 데는 문제가 없지만, 험한 산악 지역에 전송 선로를 구성하는 데는 각각 문제가 있다. 몇 가지 방법을 구상해보았지만, 구축 및 유지 관리에 상당한 비용이 필요하므로 쉽지 않을 것 같다.

박 과장, 김 대리: 지적한 대로 유선 전송 선로나 위성통신은 비용이 많이 들고 위험하다. 그러나 반사판(Microwave Reflector) 방식은 가능할 것 같다. 왜냐하면 한국전력의 송전탑이 산악에 많이 있으므로 이들을 관리하기 위해 반사판을 설치한 경험이 많다. 내부적으로 검토해보겠다.

필자: 그러면 양측의 기술을 모아 다시 한 번 그려보겠다.

회의 결과 다음과 같은 최종 설계안이 마련되었다.

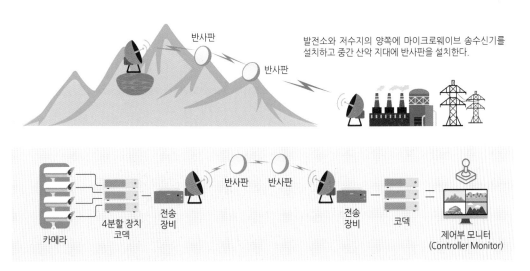

▲ 그림 1-8

시공과 마무리

약 1개월도 안 되어 바로 계약을 하고 실행에 착수했다.

저수지와 발전소 측의 IT 시스템은 삼성이 맡고, 코덱(T1, 1.544Mbps)의 무선통신 인터페이스는 한국전력 측의 Microwave 전송장치에 접속하는 형태로 약 2개월에 걸쳐 완수했다.

저수지와 발전소의 중간에 3~4개의 반사판이 들어간 것으로 기억한다.

강릉 시내에서 대관령 너머에 있는 저수지의 상황을 모니터로 보는 기분은 참으로 뿌듯했다. 엔지니어 생활의 보람을 느끼는 순간이었다. 이 과정에서 눈 쌓인 대관령(삼양목장 근처)을 지나면서 추운 겨울에 시공을 완수해 주신 동료 조○○ 님, 김○○ 님, 석○○ 님 등에게 지금도 감사한 마음을 갖고 있다.

준공을 마무리하고 난 후에 돌이켜보았다. 사실 획기적인 시스템 구성은 아니지만, 산악이라는 환경에서 영상을 전송할 수 있도록 환경 분석과 전략을 수립하고 만들어가는 일을 그림을 그려 생각을 정리하기 시작했고, 그것이 시스템 다이어그래밍(System Diagraming)을 통한 시스템 디자인(System Design)이라고 생각했다.

전하고 싶은 말

지금까지 시스템을 설계하기 위하여 생각을 하나하나 그림으로 그려가면서 정리하는 과정을 살펴보았다. 이 책의 주제와 관련한 용어를 정리해보자.

시스템은 복잡한 구성체이다. 생각을 어떤 형태이든 그림으로 표현한 것을 다이어그래밍(Diagraming)이라 한다. 다이어그램은 설계 조건을 반영하여 스케치한 그림으로, 시스템을 설계할 때 전체적인 윤곽을 파악하고 부족한 부분을 발견하기 쉽게 해준다.

다이어그램을 그리고 검토한 후에는 이 결과를 제삼자에게 표현해야 하는데, 이때 사용할 수 있는 방법론이 몇 가지 있다. 기본적으로 고객의 요구가 명확한 경우에 사용하는 방법인 '개요, 구성, 구성의 문제점 및 대안, 기능, 사양, 일정, 예산'의 순서로 정리하면 논리적으로 설명하기가 쉽다. 다만 스토리라인(Story line)이 없으므로 약간 기계적이기는 하지만, 의사를 기술적으로 전달하는 데는 효과적이다.

지금도 오랜만에 만난 후배들은 종종 필자를 생각하면 '개요-구성-기능-사양'이 떠오른다는 말을 한다. 반면, 대부분의 후배들은 아직도 회의 시간의 반 이상을 말로만 설명하고, 칠판은 시커멓게 되고, 끝나고 나면 정리가 안 되는 불상사를 매일 겪고 있는 실정이다.

생각을 그려(Sketch)보자.
그리고 이를 바탕으로 생각을 모아보자.
오류를 해결하고 빠진 부분을 보완하고 나면 다음 과정이 아주 쉽다!

칠판에 구성도를 그린 후에 설명을 하는데, 왜 그렇게 선을 긋고, 긋고 또 긋고…. 나중에 시키면 칠판이 무엇을 말하는지 기억하는 사람이 별로 없다.

시스템 설계와 다이어그램

가능한 한 한글로 쓰려고 노력했지만, 때에 따라서는 영어로 표기하는 것이 효율적이다. 따라서 다음과 같이 기본 용어를 정의하고 설명하고자 한다.

시스템, System
시스템 설계
다이어그램, Diagram
시스템 엔지니어링
시스템 엔지니어, SE

앞에서 시스템은 복잡한 구성체이며, 생각을 어떤 형태이든 그림으로 표현한 것을 다이어그램이라고 설명했다. 다이어그램은 설계조건을 반영하여 스케치한 그림으로 시스템을 설계할 때 전체적인 윤곽을 파악하고 부족한 부분을 발견하기 쉽게 해준다. 이러한 시스템 설계 전문가를 시스템 엔지니어(SE, System Engineer)라고 한다.

여기에서는 용어에 대한 의미를 정의해보고, 우리와 같은 SE들이 어떻게 하면 좀 더 효율적으로 설계해 나갈 수 있는지를 설명하고자 한다.

시스템의 정의

기초 개념을 이해하면 응용 시스템을 제대로 그릴 수 있다고 생각하는 사람들이 많다. 우선 시스템과 다이어그램의 정의를 살펴보자.

시스템이란?

Naver 국어사전

 필요한 기능을 실현하기 위해 관련 요소를 어떤 법칙에 따라 조합한 집합체

INCOSE SE Handbook, V 3.1

 An integrated set of elements, subsystems, or assemblies that accomplish a defined objective. These elements include products (hardware, software, firmware), processes, people, information, techniques, facilities, services, and other support element.

Wikipedia

 어원은 라틴어의 systēma로서 'Whole compounded of several parts or members, system'의 의미라고 한다.

시스템의 정의에서는 어떤 요소가 집합되어 있으며, 그렇기 때문에 상호 간에 관계적 작용이 있다는 점에 주목할 필요가 있다. 모든 시스템은 부품이 모여(모듈을 거치는 경우도 있고) 제품이 되고, 제품이 모여 하나의 시스템을 구성한다. 이러한 시스템이 모여 커다란 시스템을 이루며, 비로소 전체적인 기능이 유기적으로 작동하게 된다.

기능적인 측면에서 보면 각 부품은 각자의 고유한 기능을 수행하고, 부품이 모인 제품은 비로소 독립적인 기능을 수행한다. 그러나 시스템적인 측면에서 보면 아직 부족한 기능이 많은 상황이므로 필요한 기능을 보유한 제품을 모아 놓아야 비로소 원하는 기능을 수행할 수 있게 된다.

각 제품은 다른 제품들과의 연결성을 유지하기 위해 기능들을 상호 약속된 규약에 따라 연결 하는데, 이를 프로토콜(Protocol)이라고 한다.

많은 사람들이 어릴 적에 레고(Lego) 블록을 조립해보았을 것이다. 시스템의 정의는 레고 블록을 조립하는 것과 같이, 여러 조각을 모아 새로운 모양을 만드는 장난을 통해 습득해온 기법이기도 하다.

▲ 그림 1-10

레고 자체는 취미 생활과 관련되어 있으므로 기업에서 필요로 하는 비즈니스(Business), 즉 사업과 관련된 다른 사례를 들어본다. 지금도 있는지 모르겠으나, 강남 고속터미널 지하상가에 많이 팔리던 분수대가 그 대표적인 사례이다.

요즘에는 예전보다 많이 다양해지고 복잡한 형태의 조경용 모형이 많이 판매되고 있다. 몇 가지 제품을 살펴보자.

▲ 그림 1-11   ▲ 그림 1-12   ▲ 그림 1-13

http://www.farmpark.co.kr
www.comogarden.com

위 사진은 자배기 수반 옹기를 이용한 분수, 플라스틱 모형의 꽃, 작은 자갈과 돌멩이 몇 개를 올려놓은 연못, 그리고 돌멩이 몇 개와 풀, 나무로 구성된 조형물이다.

이것을 시스템, 즉 사업 측면에서 살펴보자.

재료 확보 측면에서 본다면 모두 쉽게 구할 수 있는 부품들이다. 원가 측면에서 구매하는 부품도 있지만, 일부 부속품들은 아주 쉽게 구할 수 있을 것이다. 자재만 있으면 인건비도 2~3MH 정도 들 것이다. 전체적으로 제조원가는 수만 원대가 될 것으로 보인다.

MH, Man Hour

그런데 실제 판매가는 그보다 몇 배 또는 10배 이상일 것이다. 고객은 과연 무엇을 산 것인가? 또 나는 이것을 왜 샀지?

단순히 여러 부품(또는 제품)이 집합된 분수대를 사는 것이 아니다. 옹기라는 재료의 특이성, 가습 기능을 하는 분수대, 그리고 여러 꽃들이 어울린 모양과 색깔…. 이 제품을 거실에 놓으면 전체적으로 집 분위기가 살아날 것이라는 생각 때문이다. 즉, 건강에 도움이 되고 인테리어에도 맞는 '자배기 수반 세트'라는 하나의 시스템을 구매한 것이다.

시스템화해서 만들면 원재료의 비용 대비 높은 부가가치를 만들 수 있다.
그렇다고 해서 제조원가(재료비, 인건비, 경비)와 한계 이익, 영업 이익을 고려하여 가격을 협상하는 고객은 없을 것이다.

이 책에서는 이러한 행위, 즉 여러 부품과 장치가 모여 새로운 가치가 만들어지는 시스템을 만드는 과정을 이해하기 쉽게 그림(다이어그램, Diagram)을 이용하는 방법으로 설명하고자 한다.

시스템 설계란?

이제까지 시스템의 정의에 대해 알아보았다. 앞에서는 요구되는 기능을 수행하기 위하여 부품 또는 제품을 모아 놓은 복합체를 시스템이라고 정의하였다. 시스템 설계(System Design)는 복잡해 보이는 것을 구조적으로 한눈에 볼 수 있도록 설계하는 방법론이라고 할 수 있다.

시스템 설계는 특정 요구사항을 만족하는 시스템을 위하여 구성, 부품, 모듈, 인터페이스 그리고 데이터를 정의하는 절차를 말한다.

시스템 디자인에는 건축 설계(Architectural Design), 논리 설계(Logical Design) 및 물리적 설계(Physical Design)가 있다. 여기에서는 주로 건축 설계에 물리적인(Physical) 요소를 반영하여 설계하는 개념을 중점적으로 설명한다.

A. 설계 목표의 설정

1. VOC와 Free-hand Sketch를 이용한 고객 니즈의 이해
2. 관련 환경 요소 파악

VOC, Voice of Customer
인터뷰를 통한 제약 조건의 검토만으로는 충분하지 않으므로 관련 자료의 검토, 현장실사 등이 필요하다.
최근에는 인터넷 등을 통해 상당히 다양하고 많은 정보수집이 가능하다. 적극 활용하기 바란다.

B. 디자인 스케치

1. 유사 사례 검토
2. 예상 가능한 시스템을 그리고(Diagram) 검토
3. 제약 조건(Constrains)의 검토

C. 기본 설계

D. 상세 설계

제약 조건을 빨리 해결하기 위해, 고객의 니즈를 충분히 분석하고 유사한 사례들을 검토한 후 시스템을 그려놓고 팀원들과 토론해 본다.

다이어그램

다이어그램이란?

Naver 국어사전

디자인 과정에서 계획자의 생각과 아이디어를 정립하여 이것을 요약함으로써 일목요연하게 표현하는 기본적 기법

Wikipedia

A diagram is a two-dimensional geometric (can be three-dimensional also) symbolic representation of information according to some visualization technique.

다이어그램은 어떠한 디자인 형태를 그림의 형태로 만드는 도식화(圖式化, Visualization) 기법으로, 일반적으로 사용하는 차트(Chart)와 혼용하기도 한다. 위키피디아에는 업종 또는 사용 용도에 따라 수천 개의 다이어그램 기법이 소개되어 있다.

기차 배차

▲ 그림 1-14

3차원

▲ 그림 1-15

조립도

▲ 그림 1-16

인구밀집 지도

▲ 그림 1-17

파이어니어 금속판

▲ 그림 1-18

객체지향 언어를 위해 고안된 UML도 좋은 다이어그래밍(Diagramming) 방법의 하나라고 볼 수 있으나, 사실 시스템 디자인 실무에는 사용해보지 않았다. 또한 위키피디아에는 'System Architecture Diagramming Tool'이라는 프로그램들도 많이 소개되어 있다.

그런데 필자가 의도하는 시스템 다이어그램(System Diagram)은 시스템 아키텍처(System Architecture)의 산출물과 유사하다. 시스템의 전체적인 모습, 각 구성 요소 간의 연결 관계가 표시된 형태 등 정보의 시각적 표현이라는 부분은 결과적으로 동일하다.

필자는 어떠한 시스템의 결과를 만들기 전에 생각을 스케치하고 논리적인 모순을 잡아 나가는 과정을 중요하게 생각한다. 즉, 시스템 설계의 최종결과물인 시스템 아키텍처를 그려 나가는 과정을 체계적으로 정리해야겠다는 결심을 하게 되었다.

이러한 의미에서 생각을 그림으로 정리하고 시스템을 설계하는 방법을 후배들에게 전하고자 이 책을 출간하기로 했다.

시스템 다이어그램(System Diagramming)을 다시 한 번 정의하면 아래와 같다.

"목적을 달성하기 위한 구성요소(부품, 장치)들을 시각적 도구를 이용해 구체적으로 그려진 기술적 표현을 만드는 과정"

그런데 필자는 IT시스템을 설계할 때 건축 분야에서 깊은 인상을 받았다. 집주인이 직접 살기 위해 짓고 싶은 집의 형태와 기능을 건축 디자이너에게 설명했을 때 어떤 과정을 거치는지 살펴보았다.

일반적으로 기획설계-계획설계-기본 설계-실시 설계의 과정을 거치는 것으로 파악된다. 이 과정에서 고객(집주인)의 정성적인 요구사항과 건축가의 정량적인 기준을 조화롭게 만들어가는 과정이 가장 우선시된다고 볼 수 있다. 6각형의 집 구조를 요구했는데 진행과정에서 4각형의 집을 설계한다면 어떻게 될 것인가?

건축가는 집주인의 추상적인 요구사항(Concepts)을 듣고 가볍게 손으로 (Free hand) 스케치를 한 후 의견을 조율하고, 점차 세부적이고 디자인으로 설계를 한다. 즉, 집주인의 생각을 그림으로 표현한 후, 여기에 생각을 더하고, 빼고, 수정하는 과정을 통해 이상과 현실의 접점을 찾게 되는 것이다. 그런 다음, 소요 자재를 포함한 구체적인 건축도면 설계를 하게 되는 것이다.

이러한 과정, 즉 생각을 전달하기 쉽게, 시각적 도구를 이용하여 구체적으로 그려진 기술적 표현을 다이어그램이라고 한다.

그러면 이러한 다이어그램은 어디서 시작되었고, 누가, 어떻게 활용했을까를 이해한다면 좀 더 쉽게 다이어그래밍하는 방법을 알 수 있지 않을까? 다음의 참조자료에서 건축가의 다이어그램에 대한 논리를 살펴보고, 이러한 사상이 IT시스템에 어떻게 활용될 수 있는지 살펴보자.

동대문디자인플라자

▲ 그림 1-19

출처: 서울정책 아카이브

건축에서의 다이어그램 활용

필자가 다양한 IT 응용 시스템 설계 업무를 수행하는 과정에서 우연히 건축 디자인 전문가의 자료를 보고 공감을 하게 되었다. 생각을 정리하고 생각을 그려나가는 과정이 매우 유사하다고 판단하게 된 것이다.

최근에 관련 자료를 찾던 중 미국 일리노이 주에 있는 뒤파제대학(College of DuPage) 피어슨(Mark A. Pearson) 교수의 다이어그램 관련 자료(Drawing/Diagraming)를 참조하였다. 이를 통해 필자도 그동안의 암묵지 형식의 경험을 Drawing/Diagraming 방법을 통해 형식지로 구체화하고자 결심하게 된 것이다.

이 절에서는 피어슨 교수의 자료 중에서 우리의 공통 관심사인 ICT 또는 응용시스템의 다이어그래밍과 관련하여 새겨두고 있는 내용들을 건축 측면의 아키텍트(Architect), IT Architect와 비교하는 형태로 요약해서 정리한다.

▲ 그림 1-20

Why we draw

DRAWING / DIAGRAMMING
Intro to graphic communication **(why we draw)**

Marcel Breuer, Cape Cod Cottage

Architects communicate visually, using drawings and graphics

ARCHITECTURE 2250 **DRAWING / DIAGRAMMING**

*http://www.cod.edu/
people/faculty/pearson /
Images/2250–
diagramming.pdf*

▲ 그림 1–21   건축가는 그림과 그래픽을 통해 시각적으로 소통한다.

　복잡한 2차원 또는 3차원 형상을 말이나 글로 설명하면 얼마나 잘 전달될 수 있을 것인가? 한 장의 그림을 통해 직관적으로, 간단하게 전달할 수 있고, 필요하다면 좀 더 자세한 설명을 추가하면 될 것이다.

　IT시스템에서도 마찬가지이며, 이 책의 뒷부분에서 IT시스템을 시각적으로 표현하는 방법들을 제시한다.

Who use diagram

건축 전문가뿐만 아니라 음악, 수학, 비즈니스 등 다양한 분야의 전문가들이 자기의 도식적 사고(Visual Thinking)을 명확히 설명하기 위해 다이어그램을 사용한다. 이러한 다이어그램은 일반적인 정보들에 초점을 두고 있으며, 따라서 어떠한 대안을 찾는 데 도움이 될 수 있다.

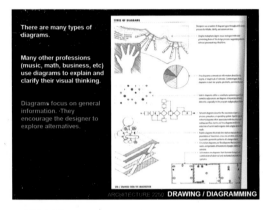

▲ 그림 1-22

IT시스템 분야에서도 다양한 고객의 요구 사항, 현장의 여건, 구현 가능한 기술 수준 등을 고려해서 한번에 시스템을 설계할 수 없다. 건축 분야의 기획설계와 마찬가지로 IT시스템의 기본 설계 단계에서 전체 시스템의 윤곽이 그려질 것이다.

그러나 기본 설계를 하기 전에 시스템의 입출력 관계, 공산/시간적 범위, 제3의 관계자들과의 연계성 등을 미리 그리고 충분히 검토하면 기본 및 실시 설계 단계에서의 시행착오를 줄일 수 있을 것이다.

많은 종류의 다이어그램이 있다. 음악, 수학, 비즈니스 전문가들은 그들의 시각적 사고를 명확히 설명하기 위하여 다이어그램을 사용한다.
다이어그램은 일반적인 정보에 중점을 두고 설계자가 대안을 찾도록 격려한다.

이러한 사전 검토 단계에서 생각을 정리하는 방법을 '다이어그래밍'이라고 생각한다. 시스템은 복잡한 기능이 복합된 형태이므로 복잡한 설계도를 보고 한눈에 MECE(상호배제와 전체포괄)를 검토하기 어려웠으나, 몇몇 선배나 후배들이 자연스럽게 스케치하는 경우를 보았다. 이러한 경험을 토대로 다이어그래밍이라는 것을 체계화하게 되었다.

How we use

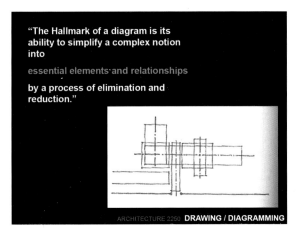

"The Hallmark of a diagram is its ability to simplify a complex notion into

essential elements and relationships

by a process of elimination and reduction."

ARCHITECTURE 2250 **DRAWING / DIAGRAMMING**

▲ 그림 1-23

다이어그램의 특징은 줄이고 지워나가는 과정을 통해 복잡한 개념을 기본적인 요소와 요소들의 관계라는 형식으로 단순화하는 것이다.

▲ 그림 1-24

　다이어그램의 특징은 복잡한 개념을 줄이고 삭제하면서 기본적인 요소와 이들의 관계를 단순화하는 능력이다.

　앞에서 언급한 예술, 비즈니스 등의 전문가들은 어떠한 복잡한 개념들을 점, 선, 기호 등을 통해 단순화하는 능력을 갖고 있는 것 같다. 추상적인 사항을 점, 선, 면 그리고 불규칙한 도형을 이용하여 모형으로 만드는 작업은 타고났다기보다는 평상시의 훈련을 통해 만들어갈 수 있다고 확신한다.

레오나르도 다빈치의 스케치북

https://com mons.wikim edia.org

▲ 그림 1-25, 1-26

머릿속에 구상된 내용을 말로만 하는 설명보다는 가능한 종이에 그리고, 이것을 3차원 공간 측면으로 조립하게 되면 별도의 설명이 필요 없이 직관적으로 알 수 있게 될 것이다.

다이어그램을 가장 잘 활용한 인물은 '레오나르도 다 빈치'라고 할 수 있다. 그뿐만 아니라 노벨상 수상자들도 다이어그램을 잘 활용한 엔지니어라고 할 수 있다.

독자가 ICT 분야에 종사하든, 건축, 토목, 기계, 경제, 경영 분야에 종사하든 복잡한 생각과 관념을 그림으로 표현하면서 단순화시켜보자. 여러분도 언젠가는 노벨상 수상자와 같이 지구를 흔들 만한 아이디어를 내놓을 수 있기를 진심으로 기원한다.

Godfrey Hounsfield
– CT Scanner 발명(1971)
– 노벨상 수상(1979)
https://en.wikipedia.org

▲ 그림 1-27

시스템 엔지니어링과 시스템 엔지니어

앞에서 시스템과 다이어그램에 대해 소개했다. 이번에는 과연 어떤 분야의 누가 다이어그램을 활용했는지, 지금은 누가 주로 활용하는지 살펴보자.
시스템을 설계할 때 다이어그램을 사용할 수 있는 분야는 다양하다. 예술가, 건축가 그리고 IT공학자나 SW엔지니어 등 누구든 좋다. 여러 가지 요소를 모아 새로운 가치를 만드는 사람이라면, 다이어그램을 잘 활용할수 있을 것이다. 이러한 행위를 '시스템 엔지니어링(System Engineering)'이라고 하고, 시스템 엔지니어링 업무를 하는 사람들을 '시스템 엔지니어(Systems Engineer)'라고 한다.
그러면 시스템 엔지니어링은 무엇인가? 여러 가지 정의가 있는데, 조금 어렵게 느껴진다. 그중에 한눈에 와닿는 표현이 있다.

▲ 그림 1-28

시스템 엔지니어링은 큰 그림으로 생각하고 프로젝트에 상식을 응용하는 업무 시스템 엔지니어링은 복잡성과 싸운다.

Big picture, Holistic, Gestalt
https://en.wikipedia.org/wiki/

Z1, Issue 3.0 INCOSEUK, March 2009

Systems engineering is:

"시스템 엔지니어링은 큰 그림으로 생각하고, 프로젝트를 상식적인 판단으로 수행하는 기술을 말한다."

Systems engineering does:

"시스템 엔지니어링은 시스템의 복잡도를 해소한다."

얼마나 간결하게 SE에 대한 모든 것을 말해주고 있는가?
시스템이라는 것 자체가 다양한 요소들이 복합된 복잡한 구성이자 하나의 프로젝트인데, 이것을 상식이 가미된 큰 그림으로 그리는 사람을 시스템 엔지니어라고 할 수 있다. 즉, 시스템 엔지니어는 핵심 요소들의 '최상의 균형(Best Balance)'을 찾는 사람들이다. 이러한 균형을 찾아내기 위해서 문제점과 솔루션의 관점으로 빅픽처(Big Picture)를 그리라고 추천한다.
시스템 엔지니어링이라는 말은 1940년대 벨 연구소(Bell Lab)에서 유래한 것으로 알려져 있다. 제2차 세계대전을 전후로 단순한 기계 위주의 제품에서 점차 다양한 기술이 복합된 제품의 필요성이 제기되고, 다양한 학문간의 협업, 기술 간의 융합의 필요성이 제기되면서 SE의 필요성이 생긴 것으로 알려져 있다. 시스템 엔지니어링은 복잡한 시스템들을 설계 시작부터 끝까지(Life Cycle) 관리하는 방법을 수행하는 복합적인 학문으로 정의하고, 국방 분야로 발전한 SE의 대표적인 프로젝트는 아폴로 계획(Apollo Program)으로 알려져 있다.

시스템을 다시 정의하다

그러면 시스템이란 무엇인지 실무적으로 알아보자. 앞에서 정의된 바와 같이, 시스템은 매우 넓은 의미를 갖고 있으며, 우리나라 국어사전에는 '필요한 기능을 실현하기 위하여 관련 요소를 어떤 법칙에 따라 조합한 집합체'라고 설명하고 있다.

여기서 어떤 법칙이라는 말은 각 요소들이 서로 연관되고 함께 작용한다는 의미이다. 즉, 어떠한 목적을 달성하기 위해 작은 요소들(또는 시스템, Systems)이 모여서 만들어진 또 하나의 큰 요소(시스템, System)이다.

시스템의 구체적인 예로는 하나의 회사, 학교, 자동차, 컴퓨터, 교통관제 시스템 등을 들 수 있다.

회사는 다양한 인적 구성과 자금 운용 체계, 영업 및 경영방식 등 여러 개의 소규모 시스템이 모인 집합체이며, 지능형 교통 시스템(ITS)은 교통 정보 수집을 위한 서브시스템(예를 들면 CCTV, 차량검지 장치 등), 교통 정보를 분석하고 가공하는 서브시스템(서버, 데이터베이스 등), 정보제공(전광판, 인터넷 등) 서브시스템 그리고 교통신호 등을 제어하는 교통제어 서브시스템 등이 모여 교통 흐름을 원활하게 만드는 하나의 시스템이다.

컴퓨터 하드웨어뿐만 아니라 소프트웨어도 시스템으로 볼 수 있다. 운영체제(OS, Operating System), 영상인식 알고리즘, 급여계산 프로그램, 웹 프로그램, PLM, ERP 등도 모두 하나의 시스템이다.

물론 우리 인체도 하나의 시스템으로 볼 수 있다. 예를 들면, 사람 몸에 피를 흐르게 하는 심장, 움직임을 수행하는 팔과 다리 그리고 이러한 모든 것들을 제어하고 기억을 관장하는 우리의 뇌 등 각각의 서브시스템들이 모여 하나의 시스템을 구성한다.

결론적으로 말하면, 작은 것도 하나의 시스템이며, 이러한 요소들이 모여 규모가 점점 커지는 또 다른 시스템이 만들어지는 것이다.

시스템이란 둘 이상의 객체나 요소들이 정의된 목적 달성을 위해 유기적으로 작용하여 각 요소들 집합 이상의 효과를 발휘하게 하는 결합체를 말함.
– KCOSE,
Korea Council of System Eng.

ITS, Intelligent transport Systems. 지능형 교통 체계 ITS를 여러 개의 시스템들이 모여진 시스템이라는 의미로 System of systems라 부르기도 한다.

PLM
Product Lifecycle Management

ERP
Enterprise Resource management

엔지니어링은 무엇인가?

국어사전에는 '인력, 재료, 기계 따위를 일정한 생산 목적에 따라 유기적인 체계로 구성하는 활동'이라 정의하거나 '어떠한 구조, 시스템, 프로세스 등을 설계, 구축, 개선 및 혁신 등을 위해 지식과 학문을 응용하는 공학'으로 정의한다. 엔지니어링은 'Ingeniare'이라는 라틴어의 어원과 같이 창의적인 사람을 말한다.

엔지니어링에는 전자공학(Electronic Eng.), 기계공학(Mechanical Eng.), 산업공학(Industrial Eng.) 등 다양한 공학적 방법론이 있다.

이제 시스템 엔지니어링으로 묶어 생각해보자.

한국시스템엔지니어링협회(KCOSE)에서는 SE를 '복잡한 시스템을 개발함에 있어 고객의 요구를 만족시키는 통합된(Integrated), 생애주기(Life cycle)적 균형설계 조합을 구성하고 검증하기 위한 다학문 분야의 엔지니어링 접근방법이다'라고 정의한다. 또한 방위사업청의 SE 가이드북에서는 '고객 요구를 만족하는 사람, 제품 및 프로세스 해결책의 통합된 수명주기 균형 시스템 개발과 검증을 위하여 필요한 모든 기술적 활동을 포함하는 다 분야 학문과 관련된 접근법 (EIA/IS-632)'이라 정의하고 있다.

필자는 일선에서 경험한 바를 통해 '시스템 엔지니어링은 고객의 요구를 만족하기 위해 하드웨어(또는 제품)와 소프트웨어를 통합하여 어떠한 운영 목표를 달성할 수 있는 시스템을 설계, 개발, 시험, 제조, 설치 및 유지보수 등을 수행하는 업무'로 정의하고자 한다.

이 과정을 그림과 같이 표현해보았다.

그러면 시스템 엔지니어링과 다이어그램은 어떤 관계가 있는 것일까?

과학자는 존재하는 세계를 발견하고, 엔지니어는 전에 없었던 세계를 창조한다.
– Theodore Von Karman, aerospace engineering.

Systems engineering is an interdisciplinary field of engineering that focuses on how to design and manage complex engineering systems over their life cycles.
복잡한 시스템을 설계하고 생애주기 동안 관리하는 방법에 중점을 둔 공학적 학문분야
– 위키피디아 –

일반적인 엔지니어링은 시스템의 한쪽 면(전자, 기계, 인간공학 등)에 집중되는 경우가 많은데, 시스템 엔지니어링은 시스템의 전체 생애주기에 대한 모든 면을 통합하고 효율적으로 만들기 위한 다분야 학문적인 접근 방법임.

System Engineering Process

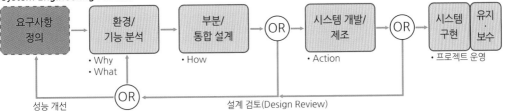

▲ 그림 1-29

국내의 경우에는 시스템 엔지니어링을 시스템공학, 체계공학이라고 부르고 있으며, 모든 산업 분야의 기초 학문 및 실무 이론으로 급속하게 확산되고 있다.

시스템 엔지니어링에서 중요한 점은 시스템의 규모가 아무리 커지고 복잡해지더라도 시스템을 제조하기 전단계에서 목표한 시스템에 대한 요구사항을 정의하고, 요구사항을 만족시키기 위한 기능을 찾아내고, 그 기능을 수행하는 시스템의 구성품을 정의하는 것이 필요하다.

특히 기능뿐만 아니라 이 시스템이 적용될 환경에서 겪게 될 환경적인 제약 조건이 충분히 고려되어야 한다.

그러면 왜(Why) 이 시스템이 필요한지 명확히 정의할 수 있고, 시스템의 목적을 달성하기 위한 방법 또는 전략(What)을 쉽게 수립하고, 이를 통해 시스템을 구현하는 방법(How)을 구체적으로 설계할 수 있을 것이다.

각 부분품(Sub System)을 설계하고 이들을 전체적으로 통합된 모습으로 설계한다면, 전체 시스템 설계 일정의 반환점을 돈 것이다.

다음 과정으로는 개발 또는 제조(Action)한 결과물을 설치하고 운영할 수 있도록 교육, 유지보수 등 지원업무가 진행될 것이다.

이러한 절차로 잘 정의된 규격서를 갖고 시스템을 만들면 재작업이나 오류 없이 만족된 시스템을 설계, 제조할 수 있게 될 것이다.

어떤 방법으로 시스템 설계를 잘할 수 있을까?

Rhodhon Technologies Pvt. 의 그림이다.
작은 것이 모여 다시 큰 그림으로 변화해 나가는 모습이 시스템 엔지니어링과 유사해서 인용하였다.

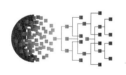

http://rhodhon.strikingly.com

▲ 그림 1-30

우선 생각을 그림으로 그려보고, 그림 위에서 생각해보자.

작은 그림이 모여 큰 그림이 그려질 것이고, 여기에 작은 그림들 간의 연관관계를 그려보자.

또한 각 작은 그림에는 입력과 출력이 있을 것이고, 그림 내부는 무언가 분석/처리 기능을 할 것이다. 이 출력은 다음 그림의 입력으로 연결될 것이다.

이렇게 서로 연결된 상황에서 서로 논리적으로 모순이 없는지, 중복되거나 불필요한 것이 없는지, 누락된 것은 없는지를 찾아보자.

그림을 그리고, 전체 그림에서 본다면 쉽게 문제점을 찾을 수 있을 것이다.

이것이 바로 이 책의 주안점이다.

시스템 엔지니어에게 필요한 것은 무엇인가?

어떠한 학문 또는 산업 분야이든 시스템 엔지니어링 업무를 하는 전문가를 시스템 엔지니어라고 정의했다. 필자의 경험을 토대로 우리와 같은 시스템 엔지니어들에게 전하고 싶은 이야기가 있다.

고객은 지금도 앞으로도 믿고 의지할 수 있는 프로의 혼을 가진 시스템 엔지니어를 요구하고 있다. 고민을 이해하고 고객 속에 뛰어들어 고객의 입장에서 생각해주는 엔지니어가 필요한 세상이다. 그리고 이러한 엔지니어의 임무는 '비즈니스 목표의 달성'과 '고객에게 만족을 주는 것'이다.

필자는 1980년대 중반 선배들에게 교육받은 내용을 토대로 다음과 같은 모토를 만들고, 이를 엔지니어 후배들에게 수시로 강조하고 있다.

'납기', '품질', '원가' 그리고 '고객 만족'

아무리 좋은 기술과 시스템도 서로 약속한 일정을 최우선적으로 준수해야 한다. 단축하면 이익으로 돌아오고, 지연되면 지체상금과 추가 원가투입으로 여러 사람이 피곤해진다. 품질이 미흡할 경우도 이와 마찬가지이다.

또한 우리는 회사에 소속된 입장이므로 어떠한 상황이 오더라도 원가를 준수해서 정해진 기간에 프로젝트를 마무리해야 한다. 따라서 사전에 충분히 심사숙고하여 원가를 산정하고 이에 맞는 예산 집행계획을 수립해야 한다. 그런데 이보다 더 중요한 것은 고객 만족이다. 시스템이 복잡해질수록 개발이나 운용에 있어서 고도의 기술과 숙련된 관리 능력이 필요하다. 기술과 관리 능력이 전부일까?

고객 만족은 고객이 기대하고 있는 질 높은 시스템을 만들어 내거나 고객이 갖고 있는 문제를 해결하는 데 도움이 되는 개선 제안을 하는 등 기쁘게 해주는 것이다. 한마디로 표현하면 '그는 의지할 만한 엔지니어이다'라는 말을 듣는 것이다.

시스템 엔지니어가 갖추어야 할 자질에는 정열, 리더십, 인간성 등을 들 수 있다. 필자는 추가적으로 '그림을 그려서 설명할 수 있는 능력', 즉 다이어그램(Diagram) 능력이 필수라고 생각한다.

고객이 쉽고 빠르게 이해하도록 만드는 가장 필수적인 도구이기 때문이다.

오래전 감명 깊게 읽은 기사이다.
신뢰받는 SE로의 길 [1]
프로 혼(魂)을 갖고 고객의 요구에 답하라.
NIKKEI COMPUTER, 1998. 10. 12

지체상금(Compensation of deferment)
채무자가 계약기간 내에 계약상의 의무를 이행하지 않았을 때 채권자에게 지불하는 금액

엔지니어에게 내가 가진 기술, 설계사상 그리고 비전을 고객에게 설득하는 능력을 반드시 갖추어야 한다.
대부분의 엔지니어들은 말재주가 뛰어나지 못하다. 따라서 그림을 그려서 설명해보자. 쉽고, 편리하고, 효율적이다.

시스템 엔지니어링에 대해 좀 더 알아보기

시스템의 역사

시스템 이론의 원조는 아리스토텔레스(Aristotle, BC 384~322)이다.
-"The whole is more than the sum of its parts."-Metaphysica
(전체는 부분의 합보다 크다. -형이상학)

현대 논리 분석 철학의 어버이로 알려진 중세 시대의 고트프리트 라이프니츠
(Gottfried Wilhelm von Leibniz, 1646~1716)로부터 산업혁명시대의 경제이론
발전에 따라 '전체주의에서 축소주의로 전환'되었고, 현대에 이르러 베르탈란피
(Ludwig von Bertalanffy, 1930년대『Organismic system theory』출간), 애
시비(W. Ross Ashby, 1955년, cybernetics 개요 발표) 등으로 발전되어 왔다.

초기의 시스템 엔지니어링 정의(Hall, 1962)

SE는 연구와 사업의 중간에서 작동하며, 고객의 니즈를 고려해서 어떻게 최
적으로 만족시킬 것인지를 결정한다. 또한 운영ㆍ품질ㆍ경제적인 목표와 필요
한 광범위한 기술을 만들어 낸다.

프로젝트 관점의 시스템 엔지니어링 역사

고대 이집트, 메소포타미아, 그리스, 로마 시대에 걸쳐 관개수로시스템, 피라
미드, 로마의 도로 시스템 등을 시초라고 볼 수 있다.

1940년대 벨 랩(Bell Lab)에서 시작, 제2차 세계대전 중 다양한 SE 프로젝트 진행

- 나이키 미사일 시스템(1945~1953)

- SAGE 공중방어시스템(1951~1980)
- 대륙간 탄도미사일 시스템(1954~1964)
- 아폴로 프로젝트(0000)

시스템 엔지니어링의 표준화

- MIL-STD-499, DoD, 미국, 1969
- ECSS-E-10A(European Cooperation for Space Standardization), 1996
- EIA-632(Electronics Industry Association), Processes for Engineering a system, 1998
- IEEE std 1220-1998, Standard for Application and Management of the systems engineering Process
- EIA-731-1, 2002, Systems engineering Capability Model, 2002

시스템 엔지니어링 국제기구(INCOSE, International Council on Systems Engineering)

: 1990년 창설, 비영리 조직

오케스트라와 시스템 엔지니어링의 비교

　시스템 엔지니어링은 오케스트라와 비교할 수 있다. 연주자들은 자기 악기를 연주하는 테마에 맞추어 악보를 펼칠 수 있다. 그러나 지휘자, 마에스트로는 위대한 연주를 만들기 위해 이러한 연주자들을 잘 이끌고 연결시켜야 한다. 마에스트로는 연주 시간을 맡는 것 이상의 많은 역할을 한다.

The Art and Science of Systems Engineering
Michael Ryschkewitsch 외
NASA

마에스트로와 시스템 엔지니어의 비교

오케스트라의 마에스트로	시스템 엔지니어
• 음악을 알고 이해하고 있다. 음정, 박자뿐만 아니라 악기와 연주자의 능력도 알고 있다. • 어느 정도 규모와 복잡성이 있는지 알고 있다. • 한두 개 이상의 악기는 능숙하게 다룰 줄 안다. • 작곡도 할 수 있다. • 연주할 음악을 선곡할 줄 안다. • 청중의 분위기에 맞게 악보를 편곡할 줄 안다. • 작곡가의 의도를 유지하기 위해 노력한다. • 연주자를 구성하고 리드한다. • 연주를 성공적으로 진행할 책임이 있다.	• 수학, 물리, 관련 과학의 기초를 이해하고 있다. 그뿐만 아니라 다양한 사람과 규범도 이해하고 있다. • 통달한 한 가지 기술 외에도 여러 기술을 배웠다. • 전체적인 목표와 끝내기를 이해한다. • 목표 달성을 위한 비전과 접근 방법을 만들 수 있다. • 아키텍트 또는 디자이너일 것이다. • 다양한 기술적 이슈들을 선정하고 구체화할 수 있다. • 목표, 요구 조건, 아키텍처 사이에서 소통할 수 있다. • 설계의 기술적 완성도에 책임이 있다. • 다양한 기술 수준의 팀을 구성하고 리드한다. • 서비스나 제품을 성공적으로 인도하는 데 책임이 있다.

시스템 엔지니어는 마에스토로와 유사하다. 마에스트로는 음악이 어떻게 들리는지(설계가 어떻게 생긴지) 알고, 필요한 음질을 만들기 위해 연주자를 이끌어 가는 스킬(시스템 요구사항을 만족시킴)을 보유하고 있다.

시스템 엔지니어링은 주어진 제약 조건 내에서 요구사항을 만족하는 시스템을 개발하는 예술이자 과학인 것이다.

대부분의 경우에 시스템 엔지니어는 엔지니어링 스코프를 전체적으로 보지 않고, 한 가지 생애주기에 대해, 즉 설계 또는 개발 또는 운영 중인 한 스코프에만 집중하는 경향이 있다. 훌륭한 엔지니어는 모든 스코프에 대한 경험과 지식을 갖고 있는 사람이다.

시스템 엔지니어에게 필요한 자질

▲ 그림 1-31

- 시스템적 사고방식 ☑
- 독창적인 문제해결 능력
- 강력한 시간관리 능력

- 광범위한 일반상식 ☑
- 훌륭한 수학적 능력
- 숫자로 생각하는 정량화 능력

- 지속적으로 향상을 추구하는 추진력 ☑
- 조직력과 효율성을 추구하는 능력
- 뛰어난 의사소통 능력과 세일즈맨 정신

- 경청 능력 ☑
- 협상 능력
- 외교력

☑
각 카테고리별로 중요하다고 생각하는 사항이다. 다른 사항들은 배우고 익히면 되지만, 이 사항들은 나 스스로 준비되어 있어야 한다.
특히 시스템적 사고방식을 갖기 위해 생각을 그리는 습관을 갖자.

다른 엔지니어의 생각은

필자는 2004년부터 2005년까지 한성대학교에서 정보통신 개론 겸임 교수 역할을 수행하면서 기본적인 정보통신 분야의 기초적인 이론과 이러한 이론이 실제 기업에서 어떻게 적용되는지를 예비 직장인인 학생들에게 미리 주지시키는 것이 중요하다고 판단하였다. 따라서 당시 필자가 수행하던 프로젝트인 ITS(지능형 교통 체계) 사업 분야를 기준으로 다양한 실무 사례(뒤에 설명할 계획이다) 등을 적용해서 가능한 한 사회에 나가 쉽게 적응할 수 있도록 신경을 썼다.

앞에서 설명한 영상 모니터링 시스템을 시험 문제로 냈으며, 답안지 중 하나를 무작위로 골라 제시하였다.

아직 초보 엔지니어인 학부 대학생의 시각과 전개해 나간 방법을 참고해보기 바란다.

참고로 필자는 용어의 이해를 중요시하여 강의를 시작하기 전에 약 5분 동안 정보통신에 관련된 한자를 알려주고 시험 문제로도 냈다. 처음에는 약간 반발도 있었지만, 얼마 후 대기업에서 한자 시험을 본다는 기사가 나오고 나서 고마워 한 친구들이 많았다.

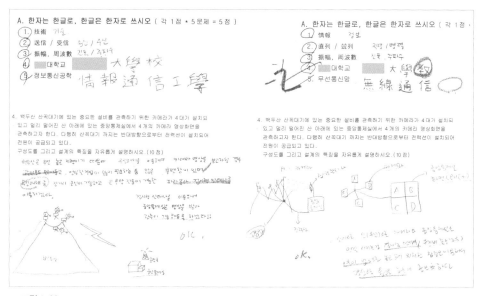

▲ 그림 1-32

Section 03

시스템 설계 사례

앞에서 설명한 시스템 설계과정은 다음과 같다.
1. 고객 니즈와 환경 요소의 파악
2. 유사사례의 검토
3. 제약 조건 검토하기
4. 기본 설계 및 검토하기
5. 상세 설계
6. 계약 및 실행하기
여기에서는 1~4단계의 설명이 진행된다.

고속도로 요금 징수 시스템 수출을 위한 컨설팅

필자는 2012년 두 차례 페루에 다녀왔다. 1차 출장 때에는 페루의 전국 고속도로 운영 상황과 요금 징수 시스템 운영 상황을 둘러본 후에 개선 방향에 대한 요약 보고서를 제출하였다. 그 결과 페루 측에서는 Mocce 영업소를 선정하여 시범사업을 추진하기로 하여 다시 페루를 방문하게 되었다. 이때는 기존 영업소의 요금 징수 체계와 시스템 운영의 현대화를 위한 컨설팅으로 참석하였다. 이러한 과정은 한국도로공사와 협업으로 진행하였다. 이 책의 여러 부분에서 설명되겠지만, 우리나라(한국도로공사)의 요금 징수 체계는 기계식 요금 징수 시스템(TCS)과 자동 요금 징수 시스템(ETCS=HiPass)을 전국적으로 운영하고 있을 만큼 매우 현대화된 상황이었다. 따라서 페루 측에서도 이러한 시스템을 도입하고자 고민하던 시기였다.

이 절에서는 사업적인 부분과 사업의 세부 내용보다는 시스템 설계 과정에서 필요한 기술과 시행착오 경험 측면을 강조해서 설명하고자 한다.

페루와 페루의 도로 체계

남미 서부에 있는 공화국으로, 수도는 리마(Lima)이다. 인구는 약 3,000만 명으로, 잉카문명과 잉카제국의 발상지로 알려져 있다. 면적은 한반도의 약 6배이고, 스페인어와 케추아어를 사용한다.

지정학적으로는 에콰도르, 콜롬비아, 볼리비아, 브라질 및 칠레와 인접 안데스산맥, 아마존, 사막, 해안가로 이루어져 한대 · 열대 · 온대 기후를 보인다. 우리나라와는 1963년에 수교하였고, 2011년에 FTA가 발효되었다.

도로 총 연장 약 23만km로 포장공사가 진행 중이다. 바퀴 폭과 축수를 기준으로, 개방형 요금 징수 시스템으로 운영 일부 요금소(교통량이 많은 곳)는 민자로 운영, 아마존과 태평을 연결하는 도로는 교통량이 많다. 차량 등록 관리를 위해 RFID tag를 차량 전면 유리창에 부착하여 운영 중이다.

▲ 그림 1-33   ▲ 그림 1-34   ▲ 그림 1-35   ▲ 그림 1-36

1차 고객 니즈와 환경 요소의 파악

여정 경로의 표현 방법

▲ 그림 1-41

약 3주간 페루의 남부, 중부 그리고 북부의 주요 고속노로와 18개 엉업소를 순회하였다. 이때 넓은 지역에서의 기나 긴 여정을 어필할 필요를 느껴 GPS tracker라는 단말기를 이용하여 왼쪽 그림과 같이 구글 지도에 표현하고, 구글 어스에서 확대, 축소해가며 브리핑을 하였다. 일반 지도에 점으로 표현하는 것보다 명확하게 설명할 수 있었다.

측정 도구의 임기응변

▲ 그림 1-42

몇 가지 사정이 있지만, 처음에는 쉽게 생각하고 현장조사를 하다 보니 도로에 설치된 센서의 간격을 측정할 필요가 생겼다. 줄자를 살 곳도 안 보이고 하여 그림과 같이 종이를 접어 간이 자로 사용하였다. 그 이후부터 해외 출장에는 항상 줄자를 지참한다.

▲ 그림 1-37

RFID 설계 방안의 제시

차량 유리에 RFID 태그를 부착하고 이를 이용하여 차량 인식, 요금 징수를 하는 방안을 요청받았다. 과거에 하이패스를 개발한 경험으로 볼 때 우선 고려할 사항은 안테나와의 각도였다.

승용차, 트럭, 버스 등에서 전파가 나가는 방향이 서로 다르므로 왼쪽과 같은 사진을 제시하고 쉽지 않다는 점을 설득하였다. 역시 말보다 그림이 효과적이었다.

▲ 그림 1-38

▲ 그림 1-39

신형 번호판
▲ 그림 1-43

▲ 그림 1-40

번호 인식이 곤란한 번호판
▲ 그림 1-44

차량 번호판 인식 기술의 난이도 설득

번호판 인식하는 기술은 요금 징수에 필요한 방법이나, 번호판의 훼손 상태가 중요하다. 1주일간 돌아다니면서 평소에 찍어둔 번호판의 상태를 보여주고, RFID와 함께 번호판의 확실한 교체 작업을 요구하였다. 이와 같이 평상시에 시스템 설계 요소를 준비해두면 여러 가지로 편리하다.

시스템 그리기의 시작

시스템 설계 기초자료의 그림 그리기

앞에서 설명한 설계 단계를 3단계로 재분류하였다는 점에 주목하자.

2차 출장 때에는 좀 더 세부적으로, Mocce 영업소에 특정하여 요금 징수 현대화 설비를 어떻게 적용할 것인지에 대한 현장조사를 실시하였다. 평상시 시스템 설계를 하는 습관대로 다음과 같이 방향을 잡았다.

A. 설계 목표의 설정

- Mocce 요금소에 대한 니즈와 관련 환경 요소의 분석
- 고객에게 줄 수 있는 가치(Value)는 무엇인가?

B. 디자인 스케치

- 유사 사례 및 제약 조건(Constraints) 검토
- 솔루션 검토 및 대안 선정

C. 설계 및 구축

- 기본 설계 및 상세 설계
- 제조, 구축 및 사후 관리

이번 출장에서는 A, B단계를 어느 정도 파악하고, 귀국 후에 이를 토대로 C단계를 진행하기로 하였다.

우선 설계 목표를 설정하기 위해 Mocce 요금소에 대한 전반적인 상황을 파악하고, 현장에서 펜으로 메모한 사항들을 토대로 매일 저녁 호텔에서 그림으로 정리해두었다.

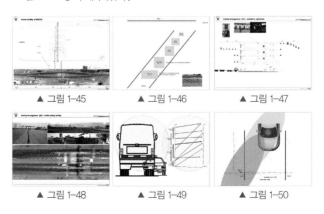

▲ 그림 1-45　　▲ 그림 1-46　　▲ 그림 1-47

▲ 그림 1-48　　▲ 그림 1-49　　▲ 그림 1-50

시스템 설계 사례 · 43

디자인 스케치하기

시스템 설계 기초-디자인 스케치 만들기

갑자기 약 3일간의 현상소사 후 바로 고위층에 직접 보고해야 하는 상황이
되었다. 이때 기초자료의 그림 그리기가 도움이 되었다.
귀국 후에 진행하려고 했던 B. 디자인 스케치 단계를 현지에서 혼자 수행
해야 하는 상황이 된 것이다.

한 명이 다하기 어렵지만 혼자 할 수밖에 없는 상황이 생긴다.

어쩔 수 없는 상황이지만, 다행히 1차 조사에서 얻은 고객의 이해, 요금 징
수 시스템을 설계하고 구축한 경험 그리고 시스템을 제대로 그리기 위한
각종 도구(다이어그램)들을 갖고 있었기 때문에 주말에 뚝딱 보고 자료를 만
들었다.

엔지니어로서 생각을 그림으로 만들기 위해서는 PPT를 다룰 수 있어야
한다. 특히, 해외 사업을 하려면 이러한 독수공방 상황이 반드시 생긴다.
기본기에 응용력과 열정만 있으면 해결할 수 있을 것으로 확신한다.

불평한다고 해결될 것 아니다.
긍정적으로 생각하면 엔도르핀
과 적당한 아드레날린이 분비
된다.

디자인 스케치하기

미리 검토한 니즈와 환경 분석, 고객에게 제공할 가치를 준비해 놓은 상태
이므로 수년 동안의 요금 징수 시스템 설계 기술과 경험을 토대로 발표 자
료를 준비하였다.

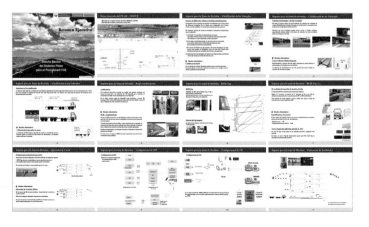

'시스템 현대화를 위하여 이러한
문제점이 있지만 이러한 솔루션
을 적용하면 이러한 효과를 볼
수 있습니다. 이러한 문제점에
대한 의견을 주시면 귀국 후에
각 분야 전문가들과 세부 설계,
즉 구축 방법, 일정 및 예산을
준비하겠습니다.'라는 개념으로
디자인 스케치를 작성하였다.

◀ 그림 1-51

기본 설계와 사업의 진행

귀국 후에 정식 시범사업을 위한 시스템 설계를 진행하였다. 전체 및 각 서브시스템의 구성, 기능, 사양, 사업 일정, 물량 및 예산을 산출하기 위해 90페이지 분량의 설계 자료를 준비하였다.

이러한 기본 설계는 앞에서 설명한 대관령 CCTV 시스템 기본 설계의 구성과 유사하다. 다만 좀 더 세부적이고 기술적인 사항이 많이 들어갔다. 참조로 목차를 올려놓는다. 향후 사업에 참조하기 바란다.

그리고 약 2년 후 시스템이 완성되고 시범 운영을 시작하였다. 우리나라 최초의 요금 징수 시스템 수출 사례가 되었다.

필자는 다른 사정으로 실행과정에 참여하지 않았으나, 시스템 설계부터 계약에 이르기까지 많은 것을 배우고 시스템 엔지니어로서 한 단계 더 발전하는 계기가 되었다.

◀ 그림 1-52

◀ 그림 1-53

출처 : http://elcomercio.pe/peru

해외에서 시스템 설계하기

다음은 해외사업 전문가 선배들에게 듣던 말이다.

'가능하면 고객의 언어를 사용하고, 매사 문서로 남겨라.'

영어권 이외의 국가에서 사업을 할 경우에도 일단 영어로 문서를 작성할 수 있어야 한다. 통역을 맡은 사람은 당연히 영어를 할 것이며(한글본을 번역하려면 시간도 많이 걸리고 오역이 나올 수 있다), 현지인 중에 영어를 하는 직원이 있을 것이다. 이메일로 보내 번역하는 경우도 몇 번 있었다. 그마저도 없다면 영어로 해야 했을 것이다.

현지어로 번역하기 위해 미리 준비하기 바란다.

다음은 '문서로 남기기'다. 고위층에게 그동안의 경위, 각종 제약요소에 따른 대책 방안 등을 설명한 후 몇 가지 확인해야 할 사항이 생겼다. 어떻게 확인하고 문서로 남길까 고민하다가 다음과 같은 방법을 사용했다.

'보고한 자료에 대안을 제시했다. 그러면 당신들의 의견은 무엇인지 작성해서 팩스로 보내달라.'라고 요청하고 귀국하였다. 당연히 답변이 도착했다. 가능한 한 상대방의 의견을 문서로 남기자.

▲ 그림 1-54

의사결정 요구

Decisión :

직접 수기로 작성한 답변

▲ 그림 1-55

페루에서의 시스템 설계

환경 조건

- 열대(북부)와 아열대권으로 구분되나, 연평균 22℃ 수준임.
  단, 고산지대(해발 3,000~5,000m) 지역에서 엘니뇨 발생 시 일
  시적으로 영하 25도 수준이 단기간 동안 발생되므로 주의 필요.

▲ 그림 1-56

- 태풍이 거의 없으며, 강우량이 매우 적은 곳임(일부 영업소
  는 우기철에 약간 비가 오는 수준).

- 온·습도 측면에서는 크게 우려되지 않으나, 시스템 설계 시
  자외선을 고려해야 함(함체 도장, 고무 재질 등).

  : 2000년대 중반, 중국제 자동차 수입 시 창문틀이 내려앉는 현상 발생

▲ 그림 1-57

접지봉

- 지반은 골재가 포함된 구조로, 침하되는 현상은 발견되지 않음.
  단, 너무 건조한 지역이라 접지 잡기가 어려워 별도의 접지 박스를 만들고 정기적으
  로 물을 붓고 있으며, 시내도 동일한 접지방법을 사용함.

유무선통신망, 전기 등

- 광통신망을 지속적으로 확장하고 있음.
- 댁내 가입자망 비용은은 약 USD 140~150/월(인터넷, TV, 전화) 임.
- 일반적으로 무선통신망은 일반 업무용으로 사용 가능함.

  : Claro, Telefonica 2대 통신사 체계로 사막/산악 지역 등으로 확장 중

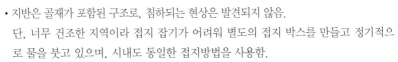

▲ 그림 1-58

- 종종 정전이 발생하므로 UOS는 필수적이며, 특히 외곽의 경
  우 발전기를 적용하는 것이 좋음.

기타 시스템 특징

- 시내 교차로의 교통신호등을 무선으로 제어하고 있음.
- 교통 신호등과 제어기 일체형 또는 별도 제어기를 폴(Pole)
  에 부착하여 운영(도난, 훼손에 대비하는 것으로 파악됨).

▲ 그림 1-59

페루에서 잠시 쉬어가기

　필자가 페루 전국을 다니면서 본 광경이다. 일반적인 여행 가이드북에는 잘 나오지 않는 특이한 경치들이다.

　신이 있다면, 그(또는 그녀)도 엔지니어이자, 시인이었을 것 같다.

평온한 산, 하늘 그리고 생명체들

산, 하늘
▲ 그림 1-60

라마
▲ 그림 1-61

광야, 사막 그리고 안데스 산맥

광야
▲ 그림 1-62

안데스 산맥
▲ 그림 1-63

백두산 높이의 거의 두 배, 일행들은 고산증으로 힘들었다.
네팔 다음으로 세계에서 두 번째로 높은 곳에 있는 도로이다.

도로 표지판
▲ 그림 1-64

고산 사진
▲ 그림 1-65

약 4,000m 고지의 단층 모습, 그런데 이 높이의 단층은 몽돌로 만들어졌다(몽돌: 개울 하류에서 보는 모나지 않고 동글동글하게 생긴 돌).

▲ 그림 1-66

▲ 그림 1-67

04

시스템 다이어그램의 사례

1980년대 말, 한국전력에서 강릉 시내에 위치한 발전소에서 대관령 상부에 있는 저수 댐의 상태를 모니터링하기 위한 CCTV 시스템 디자인을 의뢰받았다. 당시에는 몰랐지만 돌이켜 생각해보면 이것이 다이어그래밍 방법의 하나였다. 과거의 다양한 시스템 설계 과정을 돌이켜보면, 초기단계에서 노트에 대충 메모한 스케치가 출발점이 되어 점차 구체적인 내용이 추가된다. 전체적인 입력과 출력 그리고 내부/외부 환경 요소가 보완되며, 점차 시스템다운 모양으로 구체화된다.

여기에서 시스템의 기본 요소인 입력, 분석/가공과 출력의 단계로 세분화하여 회로도 또는 시스템 아이콘^{icon}으로 변환하여 도식화된 구성도로 그려진다.

이러한 과정에서 다이어그램의 필요성이 강조된다.

초기단계에서 엔지니어들이 실험실에서 스케치한 다이어그램을 벽에 부착해 놓고 추가 또는 변경 사항이 있으면 지우고, 추가하고, 변경하고, 수정 · 보완해 나갔다.

시스템 다이어그램의 개요

다이어그래밍은 암묵지를 형식
지로 만들어 나가는 과정이라고
생각한다.

앞에서 설명한 바와 같이 다이어그램은 거창한 것이 아니다.
내 머릿속에 있는 암묵지, 즉 추상적인 논리를 구체적이고 체계화된 그림
으로 표현하여 나 개인뿐만 아니라 제삼자에게 쉽게 이해되고 하드웨어나
소프트웨어를 효율적으로 개발하도록 만드는 과정이라고 생각한다.

독자들도 많이 느꼈겠지만, 외국인들이 만든 자료의 대부분(물론 전부는 아
니다)은 글자(Text)로 꽉 차 있는 것을 많이 보았을 것이다. 심지어 파워포인
트(PPT) 자료도 주로 글자로 만드는 것을 많이 보았을 것이다. 영어에 능
통한 사람도 자기 분야가 아니면 읽기 어려울 정도라고 한다. 하물며 우리
같은 특히 영어에 약한 엔지니어들에게는 영어 원서를 보는 것이 얼마나
힘든 일인지 잘 알 것이다.

▲ 그림 1-68

▲ 그림 1-69

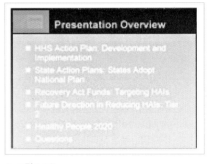

▲ 그림 1-70

왜 그랬을까? 왜 그렇게 할 수밖에 없을까?

그림을 추가하면 설명하기도 쉽고, 이해하기도 쉬울 텐데 말이다.

후배가 영국 출장 시 현지인에
게 직접 물어보고 확인한 사항
이다.

그 원인은 두 가지로 이해되었다.
• 전체 시스템 구조가 한눈에 보이도록 그리는 습관을 갖고 있지 않았다.
• 그림을 컴퓨터, 즉 PPT나 다이어그래밍 프로그램(Diagramming
Program)을 이용하여 그리기가 어렵다(또는 숙달되지 않았다).

그러나 이 두 가지는 약간의 조언과 훈련이 있으면 충분히 극복할 수 있는
상황이라고 확신한다.

우리나라 시스템 다이어그램의 변천사

논문, 연구보고서, 제안서와 프레젠테이션

그동안 현업에서 많은 문서를 보고 작성하였다. 학회 논문, 석사학위 논문, 조달청 입찰을 위한 제안서 및 프레젠테이션 등 다양한 문서를 작성하는 과정에서 느낀 점은 글자가 많다는 점이었다. 특히, 해외의 각종 자료 또는 교재는 영어로 작성되어 있는데, 빼곡하게 글자로 채워지고 일부 표 또는 사진 정도가 몇 개 있다.

물론 교수님들은 논문을 작성하거나 읽는 것이 본업이라 어렵지 않겠지만, 학생, 기업인 등은 많은 어려움을 겪고 있다. 그러나 시스템을 설계하는 입장 그리고 이 결과물을 짧은 시간에 상대방에게 설명해야 하는 엔지니어들에게는 효과적이지 않다고 생각한다.

그런데 일본에서 나온 기술 자료들이 만화로 그려진 것을 많이 보았다. 일본어를 잘 몰라도 한자와 가타가나(영어 발음과 비슷하니까)를 알면 대략 이해할 수 있었다. 무슨 차이가 있을까?

생각을 상대방에게 전하는 데 있어 어떤 차이가 있을까?
국민성, 사고방식, 해당 기술 분야의 특징, 습관 등 다양한 관점으로 생각해본 결과(필자 개인적으로), 사회문화의 특징과 손재주에 의한 결과로 판단하였다. 너무 거창한가?
일본은 기본적으로 상대를 고려하는 문화 성향을 갖고 있고, 애니메이션과 만화 강국으로서 그림 재주가 있다고 보며, 서양인은 대부분 개인주의 성향이고, 손재주가 뛰어나지 않은 것으로 알려져 있다.
필자가 만나본 외국인들은 대부분 파워포인트로 그림을 그리는 데 어려움을 겪고 있다고 하였다.

그러면 우리나라는 어떠했을까?

필자가 겪은 경험이다.
2001년 이전까지의 설계서는 대부분 거의 논문 수준이었다. 몇 페이지를 보아도 텍스트가 가득해서 집중할 수 있는 시간이 몇 초를 넘기기 어려운 상황이었다. 2001년 이전과 이후의 제안서 변화를 살펴보자.

만화로 그려진 기술서적을 공부한 경험을 토대로 이 글을 쓰기로 결심하였다.

아무 설명 없이 몇 개의 블록으로 구성된 도식(1), 텍스트로만 이루어진 페이지(2, 4), 종종 텍스트와 그림으로 구성된 페이지(3)로 구성되어 있다.

2001년 이전 제안서

▲ 그림 1-71

▲ 그림 1-72

▲ 그림 1-73

▲ 그림 1-74

세부 내용보다는 전체적인 포맷을 기준으로 보아주기 바란다. 당시 평가위원은 만화책을 보는 것 같다고 할 정도였다.

이후에 시스템의 설계사상을 가급적 그림 형태로 전달하기 위해 포맷을 변경하였다. 각종 도식은 어떤 내용을 말하려는 것인지 리딩 메시지(Leading Message)만 보고 전체적인 내용을 알 수 있도록 표현하고, 나열식으로 쓸 수 있는 각 장치별 특징도 장치의 외관을 소형 아이콘으로 표시하고 하나의 표(4)에 집어넣었다. 위 그림보다 좀 더 상대방을 고려한 설계서로 보이지 않는가?

그림을 구상하는 것은 힘들지만, 상대방을 더 빨리 그리고 쉽게 이해시킬 수 있는 효과가 있다.

2000년대 초반 제안서

▲ 그림 1-75

▲ 그림 1-76

▲ 그림 1-77

▲ 그림 1-78

다이어그램의 비교

BIMS(Bus Information and Management System)
버스 정보 및 관제시스템

이러한 그림 방식의 표현을 하나의 시스템 기능 프로세스로 설명할 경우, 몇 가지 다른 방식으로 표현할 수 있다.

버스 도착 예정 정보를 제공하는 BIMS 시스템은 GPS를 이용하여 버스의 현재 위치를 파악하고, 버스가 규정대로(정류장 도착, 급가속/감속 여부 등) 운행하는지를 관리하며, 전용 알고리즘을 통해 특정 버스의 도착 예정 시간을 산출한다. 시민들은 단순히 도착 예정 시간을 서비스받고 있지만, 내부적으로는 버스회사, 운전자, 지방 자치 단체 등의 버스 운행 관리를 위한 다양한 정보들이 만들어지고 있다.

이러한 시스템을 설명하기 위한 구성도 몇 차례 진화를 거듭해왔다. 여러분은 어떤 그림이 BIMS를 설명하기 편할지 생각해보기 바란다. 가능하면 하나의 그림에 주요 기능(또는 객체)을 나타내는 아이콘과 주요 정보의 경로를 표시하면 직관적으로 이해되고, 설명하기도 편하다.

이 그림들은 기본 개념을 보여주기는 하나, 구체적이지 못하고 흐름을 보여주는 데 미흡하였다. 즉, 그림을 설명한 후에 기억에 남은 것이 별로 없다는 애로가 있었다.

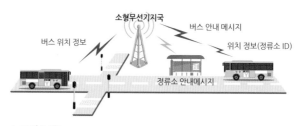

▲ 그림 1-79

이 그림은 해외 고객에게 설명한 자료로, 시스템의 핵심 서비스를 아이콘, 정보 흐름과 함께 색깔로 구분하여 설명을 전개해서 BIS와 BMS가 무엇을 하는 것인지 쉽게 이해할 수 있도록 하였다.

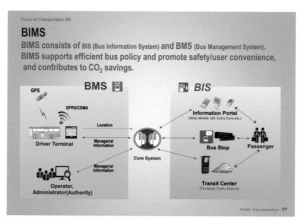

▲ 그림 1-80

그럼에도 많은 고객(공무원, 학생 등)이 BIMS가 어떤 식으로 데이터를 수집하고 가공하여 정보를 제공하게 되는지 알려달라는 질문이 많았다. 엔지니어에게는 한 페이지의 자료로 설명이 가능하지만, 비이공계 출신들에게는 좀 더 풀어서 설명할 필요가 있다.

즉, 하나의 스토리 라인을 만들면서 설명하는 것이 필요하다고 생각했다.

아래 그림은 GPS를 통해 버스가 어떠한 상황에 있을 때 위치 정보를 수집하는지, 수집된 자료를 어떠한 기준으로 가공하여 버스 도착 예정 정보를 제공하는지, 그리고 버스 운행을 어떠한 형식으로 관리하는지 3페이지로 구분하였다.

여기서 특기할 사항은, 수집과 관제 부분에서 각 버스와 해당 기능 설명에 애니메이션(파워포인트의 애니메이션)을 추가하여 순차적으로 하나하나의 흐름을 연결하여 설명함으로써 이해도를 높였다.

▲ 그림 1-81

▲ 그림 1-82

▲ 그림 1-83

시스템을 설명할 때 일반적인 내용과 상세 기술사항을 구분해보자.

특히, 알고리즘, 세부 기능과 사양은 노출하지 말고, 상호 기술 협약 또는 보안 각서를 받은 후에 알려주자.

아래 그림은 필자가 BIMS 시스템 사업을 진행할 때의 외국회사 자료이다. 위에서 설명한 그림들과 차이가 나는 부분은 그림 내부에 부연 설명 또는 그림 속에서의 작은 표(Table)가 적다는 것이다. 세부적인 내용은 말로 설명하였다.

그 이유는 한글과 외국어의 집적도 차이이거나 단순한 내용도 보안을 강조하기 위하여 노출하지 않은 것으로 이해되었다.

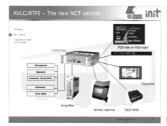

▲ 그림 1-84

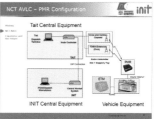

▲ 그림 1-85

Section **05**

실무에 적용한 사례

지금까지 시스템과 관련된 업무와 용어에 대한 정의 그리고 다이어그램의 정의와 목적을 알아보았다.

다시 한 번 요약하면 '머릿속에 있는 생각을 그림으로 그려서 고민하자'는 것이다. 사각형, 화살표 등 다양한 도식, 사진, 표 등을 활용하여 의문사항을 해결해 나가면 점차 구체화되고 오류가 줄어든다.

이 절에서는 이러한 다이어그램 방법을 통해 그동안 작성했던 사례를 설명하고자 한다. 초기에 많은 시행착오를 겪고 나서 보완하고 계속 발전시켜 나가는 과정을 보게 될 것이다.

지능형 교통 체계

ITS
지능형 교통 체계. 교통수단, 교통시설에 전자 · 제어 및 통신 등 첨단 교통 기술과 교통 정보를 활용함으로써 교통 체계의 운영 및 관리를 과학화 · 자동화하고, 교통의 효율성과 안전성을 향상시키는 교통체계(출처: 한국 지능형 교통 체계 협회)

필자가 오랫동안 수행한 업무로는 ITS(Intelligent Transport Systems)를 들수 있다. 이 시스템은 다양한 센서로부터 교통 관련 데이터를 수집한 후센터에서 분석 및 가공을 통해 교통 정보를 생성하고 교통 정보 표시 장치, 웹 등을 통해 제공하며, 교통 시설물을 제어하는 시스템으로, 여러 시스템이 집합된 시스템이다. 따라서 'System of Systems'라고 부른다.

즉, 수집 → 분석을 통해 가공 → 제공 및 제어의 3단계 정보 처리 프로세스를 거치게 된다. ITS 도입 초기에는 ITS를 장황하게 설명하게 되어 비전문가의 경우, 무슨 소리인지 모르고 대충 넘어가는 경우가 많았다.
특히 정부 고위공직자들 대부분은 비이공계 출신이므로 시스템과 사업의본질에 대한 이해가 부족했다.

ITS 시스템을 예전처럼 말이나 글로 좀 더 설명하면 다음과 같다.

Loop Coil
도로에 매설된 전선을 이용하여 통과하는 차량에 의한 자기 유도를 검지하여 교통량을 측정하는 장치

VDS(Vehicle Detection System)
영상처리 기술을 이용하여 차량 흐름을 측정하는 장치. 긴구간의 경우 2개 지점의 번호판 측정을 통해 구간 속도를 측정함.

VMS(Variable Message Sign)
LED, LCD를 이용하여 문자, 기호 등으로 교통 정보를 표시하는 장치

> 여러 가지 센서로부터의 교통 상황을 유선/무선 통신망을 통해 수집합니다.
> CCTV로부터는 교통 상황을 영상으로 수집하고, Loop Coil과 VDS로부터는 특정 지점 또는 구간의 교통 흐름(속도, 교통량 등)을 데이터로 수집하며, 다른 교통 관련 연계 기관으로부터 교통 정보를 수집합니다.
> 이 밖에도 교통 정보를 수집하는 방식은 초단파 검지기, 초음파 검지기 등 다양한 방식을 이용합니다.
> 센터 시스템에서는 30초(변경 가능함) 간격으로 수집된 데이터를 융합(Fusion)및 가공하여 도로의 교통 상황에 대한 정보를 생성하고, VMS, 인터넷 등을 이용하여 정보를 제공합니다.
> 이 밖에도 공공 장소에 설치된 공중 단말기나 자동 응답 전화, 모바일, 통신서비스등을 통해 사용이 가능합니다. 그리고 교통 상황에 따라 교차로에 설치된 교통 신호기의 동작을 제어합니다.

자, 이제까지 설명한 내용을 얼마나 이해하였는가?
후배 또는 친구들에게 질문해보았다. 교통 관련 데이터를 수집, 가공해서제공 또는 제어한다는 의미는 일부 이해가 되는데, 전체적으로 어떻게 구성되고 동작되는지 머릿속에서 그림이 그려지지 않는다는 답변이 돌아왔다.

▲ 그림 1-87

▲ 그림 1-88

2001년 10월, 대구광역시에서 ITS 전문 업체들을 초빙하여 ITS 사업을 설명하는 워크숍을 개최하였다. 이때 앞에서 설명한 ITS를 어떻게 설명할 것인지 고민한 끝에 아래와 같은 그림, 즉 다이어그램으로 설명을 시도하였다. 전체 그림을 보여준 후 각각에 대한 사항을 설명하였다.

이후에 ○○ 시청을 포함한 ITS 관계 공무원들께서는 '필자의 설명이 제일 와 닿았다. 무엇을 하려는지, 어떻게 시스템이 구성될지 그리고 어떤 효과가 예상되는지 한 번에 알아볼 수 있었다'라는 인사가 이어졌다.

▲ 그림 1-86

이러한 다이어그램 설명 방법은 2003년 이후에도 이어졌다. 당시 국토해양부 주최의 ITS 정책 토론회에서도 이와 유사한 방법으로 ITS 사업의 소개 및 사업 활성화 방안을 제시하여 호응을 받았다. 앞 장의 ITS에 대한 설명 내용을 그림으로 띄워 놓고 설명해보기 바란다. 그리고 아래 그림과의 차이를 느껴 보기 바란다.

개념을 구조화하고, 이를 도식 또는 아이콘으로 표현하면, 보기 좋고 설명하기에 편리할 것이라고 확신한다.

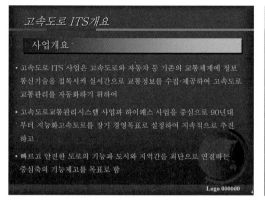

▲ 그림 1-89   ▲ 그림 1-90

2000년도 중반부터 ITS 사업이 활성화되어 각종 ITS 관련 세미나와 조달청으로부터의 입찰이 빈번하게 진행되면서부터 발표(Presentation)의 중요성이 강조되기 시작하였다. 즉, 10~15분 동안 전체적인 개념, 각 세부적인 기술사항의 특징 및 우리의 강점을 청중(또는 평가자)에게 어필하는 방법을 고민하기 시작한 것이다.

이때부터 기술적인 특징을 보여주면서 동시에 시스템 설계 결과를 보기 쉽고 이해하기 쉽게, 즉 다이어그램으로 표현하는 기법이 속속 개발되기 시작하였다. 이후에 개선된 ITS 전체 구성도는 다음과 같다. 독자 여러분의 취향과 경험에 비추어 활용하기 바란다.

▲ 그림 1-92

위 그림은 외국 회사의 설명자료이다. 비교해 보기 바란다.

▲ 그림 1-91

앞의 그림의 공통점을 다시 한 번 강조하고자 한다.

이 책의 여러 곳에서 강조하듯이 하나의 흐름(Story Line)을 만들기 바란다. 교통 정보의 수집-분석 및 가공-제공 및 제어라는 흐름을 만들고, 각각의 의미에 적합한 사진 또는 아이콘을 이용하여 표현하고, 중요한 데이터(정보)의 내용을 표시한다면, 긴 설명이 없이 직관적으로 한눈에 무엇을 말하려는지 알아차릴 것이다.

여러분은 이 그림을 요약하여 설명하면서 중간 중간 특징적인 사항 또는 시스템의 특징적인 부분을 강조하여 설명하면 된다.

특히, 중요한 사항은 위 그림 한 페이지를 이용하여 발표 시간을 조절할 수 있다는 것이다. 발표 시간이 15분으로 한정되어 있는 상황에서 갑자기 30분에 맞추어 달라거나 10분 이내로 설명해달라는 요구가 종종 있다. 이때, 이러한 다이어그램 한 페이지를 갖고 시간을 조정할 수 있다면 발표가 얼마나 여유로울까? 항상 플랜 B(Plan B)를 준비하기 바란다.

ITS의 표현 사례

그동안 다양한 시스템 사업을 수행하면서 많은 정성을 들였고, 자타가 인정하는 완성도 높은 제안서를 통해 생각, 즉 시스템을 그리는 데 도움이 될 만한 사례를 제시한다.

As-Is → To-Be 개선 모습의 표현하기

기존에는 CCTV의 영상 신호를 NTSC Analog 신호로 전송하는 방식이 일반적이었다. 따라서 장거리 전송 시 화질이 감소되며, 광케이블로 전송하기 위해 별도의 비디오링크를 접속하여 사용하였다.
그러나 이번 제안에서는 CCTV 카메라 영상을 디지털로 변환할 뿐만 아니라 이더넷 링크에 직접 접속할 수 있는 IP 코덱을 적용하였다.
특히, 많은 카메라 영상을 수용할 수 있도록 전송 대역폭을 줄이는 것이 필요하므로 H.264 압축 알고리즘을 적용하였다. 아래 그림은 All-IP 구성 방식과 H.264 적용에 따른 효과를 표현하였다.

참고: 제안서 p. 201

▲ 그림 1-93

근래에는 IP CCTV 카메라가 일반화되었지만, 2000년대 후반에는 고해상도 IP 카메라가 아직 상용화되지 않았다.

이 그림에서 강조하고 싶은 사항은 제안서의 좁은 공간이지만

- 기존 방식과 개선 방식을 간단한 아이콘으로 표현하였다(좌측).
- CCTV 시스템의 핵심 요소인 화질과 압축 효율을 비교하였다(우측).
- 강조하고자 하는 부분은 별도의 도형으로 처리하여 특징을 부각하였다 (바탕색과 다른 밝거나 어두운 색이 유리하다).

이 그림으로 짧은 시간에 '2개의 광케이블을 사용하던 구성이 1개의 케이블만 사용해도 되고, 화질도 좋겠구나.'라는 인식을 평가위원에게 심어줄 수 있었다.

시스템 설계 시에는 나무도 보여주고, 숲도 보여주는 것이 필요하다.

앞에서 본 개별 IP CCTV의 특징뿐만 아니라 전체 CCTV가 어떻게 묶이는지를 보여주는 것이 필요하다.

다음 그림은 각각의 CCTV 카메라를 디지털 및 IP화함으로써 데이터와 영상용의 별개 광케이블을 사용하던 네트워크가 하나의 단일 네트워크로 구성할 수 있다는 것을 보여준다. 당연히 이러한 구성에 대한 기대 효과를 언급해야 한다. 또한 좌측 그림과 같이 유사한 사례를 제시할 수 있다면 상대방의 신뢰도를 좀 더 높일 수 있다.

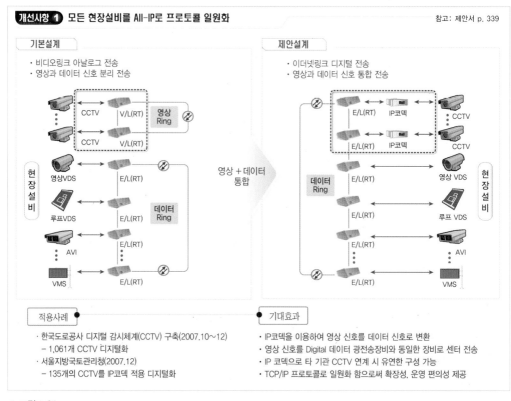

개선사항 ① 모든 현장설비를 All-IP로 프로토콜 일원화

참고: 제안서 p. 339

기본설계
- 비디오링크 아날로그 전송
- 영상과 데이터 신호 분리 전송

CCTV V/L(RT) 영상 Ring
CCTV V/L(RT)

현장설비
영상VDS E/L(RT)
루프VDS E/L(RT) 데이터 Ring
AVI E/L(RT)
VMS E/L(RT)

영상+데이터 통합

제안설계
- 이더넷링크 디지털 전송
- 영상과 데이터 신호 통합 전송

E/L(RT) IP코덱 CCTV
E/L(RT) IP코덱 CCTV

데이터 Ring E/L(RT) 영상 VDS 현장설비
E/L(RT) 루프 VDS
E/L(RT) AVI
E/L(RT) VMS

적용사례
- 한국도로공사 디지털 감시체계(CCTV) 구축(2007.10~12)
  - 1,061개 CCTV 디지털화
- 서울지방국토관리청(2007.12)
  - 135개의 CCTV를 IP코덱 적용 디지털화

기대효과
- IP코덱을 이용하여 영상 신호를 데이터 신호로 변환
- 영상 신호를 Digital 데이터 광전송장비와 동일한 장비로 센터 전송
- IP 코덱으로 타 기관 CCTV 연계 시 유연한 구성 가능
- TCP/IP 프로토콜로 일원화 함으로써 확장성, 운영 편의성 제공

▲ 그림 1-94

앞의 두 그림에서 추가로 강조하고 싶은 사항은 기존과 개선 방안에 대한 표현이다. '당신들이 요구한 기본 설계를 따르면 이러한데, 우리는 이렇게 개선함으로써 이러한 가치를 줄 수 있다'라는 점을 좌·우 화살표를 이용하여 비교하였다.

좀 더 멋있게 표현한다면 기본 설계를 As-Is(기존에는), 제안 설계를 To-Be(향후에는)로 발전되는 모습을 표현할 수 있다.

그리고 ITS 사업에서 CCTV 시스템은 대부분 도로변에 설치하게 된다.

도로 폭이 좁거나 지하에 기존 관로가 있다면 별 문제가 없는데, 도로의 폭이 넓고(약 4차로 이상) 교통량이 많으면 관로 공사를 하기 위해 도로를 차단하기 어렵고 위험한 상황이 우려된다. 도로 한편에는 광케이블이 지나고 있고, 건너편에는 한강이 흐르고 있다.

자, 어떻게 처리할 것인가? 또 이 상황을 어떻게 표현할 것인가?

경기도 ITS 사업 구간인 자유로
는 하루 약 23만 8,000대로서
우리나라에서 가장 많은 교통량
을 처리한다.
(출처: 국토교통부, 2014. 4)

우리 팀원들이 다방면으로 조사한 결과 두 가지 솔루션을 확인했다. 우선 무선 통신으로 연결하는 방법이다.

전기는 가로등과 다른 설비를 위해 이미 준비되어 있으니 해결되었고, 한 강변에 설치되는 CCTV는 무선 AP를 이용하여 건너편 광 단국 장치로 연결하면 해결된다. 이러한 구성도와 특징은 아래 그림과 같다.

다만, 이 그림에서 2.4GHz 무선 통신부를 점선이 아닌 전파를 표시하는 번개 아이콘으로 바꾸었으면 좀 더 이해하기 쉬웠을 것이라는 아쉬움이 있었다.

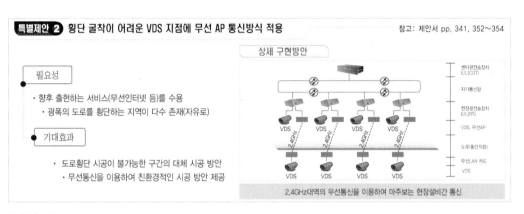

▲ 그림 1-95

p., pp.
참조할 페이지가 여러 쪽일 경
우 pp. xx~yy로 표시한다.
사소하지만 실수하면 상대방에
게 신뢰를 잃을 수 있다.
특히 '어! 이 회사는 논문도 안
써봤나?'라고 빅 마우스(Big
mouth)가 말하면 옆에 있는 위
원도 '오, 그런 문제가 있네.'라
며 점수를 깎는다고 한다.

여기서 한 가지 팁을 소개한다.

우측 상단에 있는 pp.의 의미를 명확히 알고, 철자를 정확하게 작성하기 바란다. 열심히 설계하고 나서 자칫 무식하다는 소리를 듣는 요인 중 하나이다.

실제 상황으로 구성하여 표현하기

시스템 설계를 하다 보면 동종의 많은 장치를 개별적으로 또는 그룹으로 묶어 동작시킬 경우가 많다. 말로 표현한다면 "어떤 장치는 언제, 어떻게, 동작시키고요, 어떤 경우에는 어떤 장치들을 모아 한 번에 동작시킬 수 있습니다"라고 표현할 것이다.

이런 경우에도 그림이 필요하다. 가능하면 아래 왼쪽 그림과 같이 실제 지도 또는 사진 위에 장치를 표시하고, 각 장치들을 그룹으로 표현한 후 동작 상황을 예시로 표현한다면 세부적인 설명 없이 직관적으로 동작 상황을 이해할 수 있을 것이다.

또한 당초 설계되었던 지역에서 우리는 좀 더 넓은 지역으로 확대하여 설계하였다는 점을 강조하고 싶은 경우에도 이와 비슷하다.

아래 오른쪽 그림과 같이 실제 지도 사진 위에 As-Is와 To-Be 모습을 표현하면 쉽게 이해할 수 있지 않을까?

너무 강렬하지 않고 은은한 색상을 사용하면 상대방이 편하게 볼 수 있을 것이다.

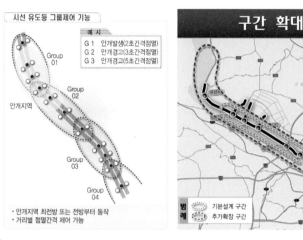

▲ 그림 1-96   ▲ 그림 1-97

▲ 그림 1-98

이러한 그림을 그릴 때 주의할 점은(특히 지도를 이용하여 표현할 경우) 예시, 범례 등의 작은 박스가 핵심으로 강조하는 사항(위의 도로, 점선으로 표시된 설계 구간 영역)을 침범하지 말아야 한다는 것이다. 또한 색상을 사용할 경우에도 일관성을 갖도록 하는 것이 좋다(위 그림에서는 As-Is는 청색, To-be는 적색으로 표현).

평상시에도 일관성 있고 보기 좋은 그림을 통해 고객에게 제공하고자 하는 가치를 강조해서 표현하는 습관을 기를 필요가 있다고 생각한다.

앞의 그림과 같이 지도를 이용하여 현장을 표현하면 좋으나, 시스템의 구성이나 소프트웨어의 기능은 현실적으로 표현하기가 어렵다.

앞에서 설명한 CCTV는 신규로 설치되는 CCTV뿐만 아니라 기존에 설치된 CCTV, 31개 시·군에 설치된 IP 카메라 등 많은 영상 신호가 있다.

일부는 자체 데이터베이스에 저장해서 관리하고, 일부는 상황실에서 직접 모니터링하거나 웹으로 서비스하는 전체 구성도를 가능한 한 알기 쉽게 표현하였다. 또한 각각의 영상 신호는 아날로그와 디지털이 혼재되어 있으므로 일목요연하게 표현하기 위해 고심하였다.

각 분야의 전문가인 팀원들의 아이디어를 모은 결과, 아래와 같은 구성도가 나왔다. 수집, 저장, 분배 및 제어의 프로세스로 구분하였고, 어떤 신호가 어떤 경로로 이동하고 운영되는지 나름대로 정리가 잘 되었다고 한다.

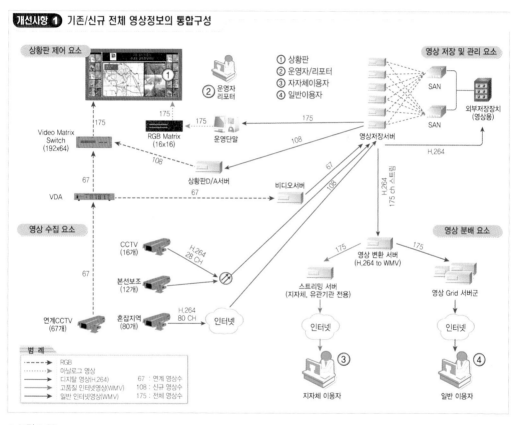

▲ 그림 1-99

실감나는 현장의 표현

시선유도등
도로변에 설치되어 점멸하는 작은 램프로 야간이나 안개가 끼었을 때 도로의 모습을 알 수 있게 도와주는 기능을 수행함.

이 사업은 '자유로'라는 공간의 특성을 고려한 설계가 필요하다. 오전과 야간에 특히 안개가 심하여 교통사고가 빈번하게 발생하므로 강력한 보완 방안이 필요한 지역이다. 따라서 우리는 시선유도등의 설치 지역을 확장하였다.

이러한 설명이 와 닿는가?
그렇다면 어떻게 표현하면 상대방이 이해할 것인지 고민해보자.

시스템 엔지니어는 나만의 데이터베이스를 확보하고 있어야 한다. 사진 동영상, 문헌 자료 등 언제고 요긴하게 사용할 날이 온다.

필자가 직접 헬리콥터를 타고 현장을 확인하고 야간에는 직접 차를 몰고 다녀본 결과를 사진으로 보여주었다. 특히 프레젠테이션에서는 이러한 상황을 동영상으로 보여준 결과, '오! 저 회사는 정말 이번 사업을 위해 상세하게 조사, 분석하였구나.'라는 호감을 사게 되었다. 물론 결과적으로 이 사업을 수주하였다. 비주얼의 힘을 새삼 느끼는 계기였다.

설계기법 입체적이고 면밀한 현장 조사

안개 발생 지역의 중점 조사를 통한 특화 시스템 설계

– 항공촬영, 지상조사

조간   야간

안개 관리 지역 검토 결과

· 자유로의 전 지역
· 지방도 309호선 백운호수 인근

안개 다발 시스템의 전면 확대 및 추가 제안 (시선유도등)

시선유도등

▲ 그림 1-100

사실 헬리콥터를 빌려 시작한 날 공교롭게도 안개가 끼어 자유로 근처까지 갔다가 회항하였다. 혹시 몰라 촬영해 둔 영상이 안개 낀 자유로 상공의 모습이었다. 이 영상이 큰 효과를 볼 줄은 몰랐다.
팀원들과 고민한 결과, 이러한 영상이 현장을 더욱 리얼하게 보여준다는 결론을 얻었다. '구슬이 서 말이라도 꿰어야 보배'라는 말이 실감이 났다.

자동 요금 징수 시스템

TCS(Toll Collection System)
통행료 징수 기계화 시스템

필자가 오랜 기간 동안 수행한 또 다른 시스템은 유료 도로에서의 통행 요금 징수 시스템이다.

입구 요금소에서 통행권을 뽑은 후 출구 요금소에서 일단 정차하고 통행권을 제시하고 요금을 지불하는 TCS 방식과 차량에 부착된 무선통신 단말기와 스마트카드를 이용하여 정차하지 않고 요금을 지불하는 ETCS 방식이 있다. 이러한 방식은 우리나라뿐만 아니라 전 세계적으로 통용되는 방식이다.

ETCS(Electronic TCS)
자동 통행료 징수시스템. 한국 도로공사의 하이패스

윤폭(Tire Width)
바퀴가 지면에 닿는 폭
윤거(Tread Width)
바퀴와 바퀴 사이의 거리

우선 TCS 시스템은 차량이 입구 요금소에 진입하면 자동으로 차종이 판별된다. 차종 분류 장치에서 차량 한 대 한 대마다 윤폭, 윤거와 축 수를 측정하여 승용차, 트럭, 버스의 종류를 구분한 후, 자동으로 발행되는 통행권 발행기에서 통행권의 자기 기록부에 데이터를 기록하고 발행한다.

운전자는 통행권을 수취한 후 출구 요금소에 제출하면 입구에서 기록된 차종과 출발지를 자동으로 판독하여 지불해야 할 요금을 계산한다. 운전자는 요금을 지불하고 영수증을 받고 떠난다.

개방식과 폐쇄식
개방식은 외곽 순환 고속도로와 같이 한 지점을 통과하는 요금만 지불함.
폐쇄식은 경부 고속도로와 같이 입구와 출구가 지정되어 거리별로 요금이 계산되는 구조임.
이 그림은 1998년경에 작성한 자료이다.

이러한 설명을 진행할 때 상대방은 몇 가지 의문을 갖게 된다.

도대체 어디서 차종이 판별된다는 것인가? 출구 요금소에서는 어떤 일이 벌어지는 것인가?

왼쪽 그림을 참조하기 바란다. 청중의 궁금증을 부연 설명하기 위해 각 서브 시스템 부분은 동영상을 삽입하여 동작되는 상황을 보여주었다.

이 다이어그램 역시 차량이 들어와서 나가는 하나의 흐름을 기반으로 그려졌다는 점을 강조하고자 한다.

◀ 그림 1-101

TCS보다 복잡하고 새로운 기술이 융합된 ETCS를 예로 들어보자. ETCS 시스템은 일단 정차해야 하는 TCS의 불편함을 개선하고자 Non-stop, No- Touch and Cashless 방식의 자동 요금 징수 시스템이다. 차량 내부에 설치된 무선 통신 단말기와 금액이 저장된 스마트카드(Cashless)를 이용하여, 이동 중(Non-stop)에 무선 통신 방식(No-touch)을 이용하여 통행요금을 지불하는 기술이다.

이 시스템에는 앞에서 설명한 차종 분류 장치, 도주하는 차량의 번호판을 촬영하는 위반 차량 촬영 장치 등으로 구성되는데, 이 또한 비전문가들에게 설명하기가 어려워 그림으로 그려보았다.

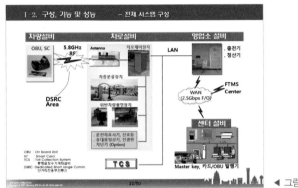

◀ 그림 1-102

차량에는 어떤 설비가, 차로에는 어떤 설비가 설치되는지, 그래서 각각 어떤 방식으로 동작하는지 위와 같은 그림으로 수년간 많은 발표를 하였다. 그러던 중에 김충남 정보통신기술사께서 영광스럽게도 「차세대 정보통신 세계」라는 교재에 전체 구성도를 게재하고 출처를 인용하였다.

▲ 그림 1-103

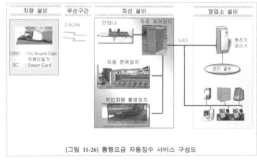

▲ 1-104

교재에 게재된 하이패스 시스템 구성도

이 교재에는 전체 구성도뿐만 아니라 실제 이 시스템이 도로상에 설치된 모습의 구성도를 함께 싣고 자세한 설명을 인용하였다. 따라서 많은 사람들이 ETCS라는 시스템이 어떻게 구성되고, 운영되는지 쉽게 이해하는 데 도움을 주었다.

다시 한 번 많은 말 또는 글보다 하나의 그림으로 설명하는 것이 효과적이라는 점을 확인하는 계기가 되었다.

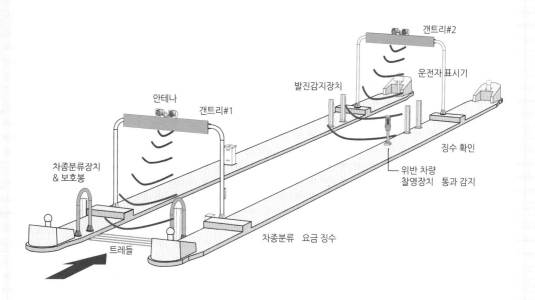

▲ 그림 1-105　통행요금 징수 서비스 구조

수동/능동 방식의 개념 표현하기

ETCS는 전 세계적으로 수동 방식과 능동 방식이 있다. 단말기가 휴대폰처럼 독자적으로 무선 통신 신호를 발생시킬 수 있는 방식(능동 방식), 교통카드처럼 주 장치로부터 전파를 받아 반사하는 기능을 하는 방식(수동 방식)으로 구분한다. 이건 또 무슨 소리인가?

한때 인문계 출신 법조인에게 이러한 개념을 설명한 적이 있었다. 이공계 출신도 이해하기 어려운 개념인데, 어떻게 설명할 것인지를 두고 고민했다. 결국 그림으로 설명할 방법을 찾았다.

그러나 파워포인트로 표현할 경우, 정지된 사진(또는 아이콘)으로 설명하려면 여러 장을 연속적으로 보여주어야 한다는 고민이 생겼다. 그러다 찾은 것이 GIF 파일이었다. 이 파일로 슬라이드쇼를 하면 동영상처럼 정해진 패턴을 계속 반복해서 보여줄 수 있다.

GIF(Graphics Interchange Format)

비트맵 그래픽 파일 포맷 특별히 플러그인이 필요 없고 여러 개 파일을 연속해서 보여주는 기능이 있다.

능동 방식은 자체적으로 전파를 만든 후 디지털 신호와 합성하여 안테나를 통해 방사시키고, 수동 방식은 기지국에서 날아온 전파를 응답 여부에 따라 반사시킨다. 여기서 능동 방식은 쉽게 생각되나, 수동 방식은 그래도 이해가 잘 되지 않는 것이었다.

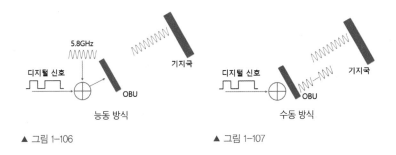

▲ 그림 1-106   ▲ 그림 1-107

이것을 GIF와 슬라이드 쇼로 동작시키면 각각의 동작 상황을 순차적으로 보여준다. 이때 관련된 설명을 곁들이면 이해하기가 쉽다.

OBU(On Board Unit)
차량 단말기

반송파(搬送波, Carrier)
변조되지 않은 연속된 무선 전파 신호

기지국에서 디지털 신호와 합성된 전파 신호를 OBU에 전송.

기지국은 반송파를 단말기에 전송하면서 OBU로부터 응답을 기다림.

OBU는 기지국에서 보내온 반송파를 반사시키며 응답 신호를 보냄.

▲ 그림 1-108

하이패스 시스템 개념의 설계

필자는 1990년부터 한국도로공사의 TCS(통행료징수 기계화 시스템) 사업을 진행했다. 1993년도에 전국 고속도로의 요금 징수 체계를 자기(Magnetic) 통행권을 사용하는 TCS로 교체하고, 계속 확장 사업을 진행하였다.

그러던 중 사부인 박○○ 부장과 식사하는 자리에서 TCS 이후의 발전 방향이 어떻게 될 것인지에 대해 토론을 하게 되었다.

자기 통행권 방식은 톨게이트 입구 시스템을 자동화를 통해 무인(無人)화하였는데, 세계적인 기술 동향을 보면 전파를 이용한 완전 무인화 요금 징수 방식, 즉 ETCS(Electronic Toll Collection System)이 필요할 것이라는 결론을 내렸다. 따라서 필자는 류○○ 대리, 김○○ 대리 등과 TF(Task Force)를 구성하여 ETCS 도입 방안을 설계하기 시작하였다.

여기에서 이 책의 목적인 생각을 그려보기 시작하였다. 당시에는 잘 몰랐지만 막연하게 머릿속에 있던 생각 또는 시스템의 개념을 그림으로 정리해보았다. 그리고 설계서를 작성하기 시작하였다. 여기에는 기존의 TCS, 즉 톨게이트의 요금 징수 운영 체계를 설계하고 구축한 경험이 밑받침되었다.

이때(1995년도) 그린 시스템 구성도는 아래 그림과 같다. 모든 시스템 구성도는 여기에서 시작되었다.

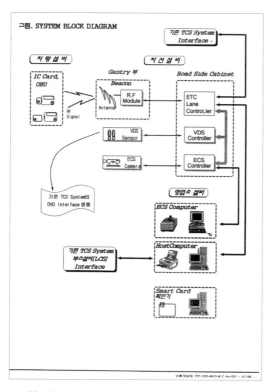

▲ 그림 1-109

ETCS 시스템에 대한 기본적인 개념을 그리고 나서 기존에 운영하던 TCS 시스템과 어떻게 연계할 것인지를 고려하였다. 특히, 톨게이트 요금 징수 체계에서는 차량 한 대 한 대에 대한 차종 분류와 통과한 차량 대수가 매우 중요하다.

정확도를 확보하기 위해서는 기존의 차종 분류 장치(또는 차량 감지 장치)를 연동하고, 센터에서는 TCS 차로에서 올라오는 데이터들과 정합성을 갖도록 해야 요금 집계 보고서를 쉽게 만들 수 있다.

따라서 기존의 TCS 차로는 어떻게 구성되고, 어떤 설비로 이루어져 있는지 그림을 그리고(왼쪽 하단) 데이터의 흐름을 그려보았다(이 그림은 복잡하며, 이 책의 목표와 연관이 적으므로 첨부하지 않았다).

> 톨게이트에서 차가 통과하는 노선 하나하나를 차로(車路)로 표시한다.

다음으로는 기존 TCS의 데이터 흐름을 참조하여 ETCS의 구성도와 데이터 흐름을 그렸다.

그림을 그릴 때는 가능한 한 실제 모습을 알아볼 수 있도록 대략적인 축척과 각 장치의 위치 등을 일관되게 정할 것을 권고한다.

▲ 그림 1-110

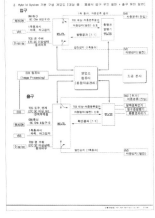

▲ 그림 1-111

그래야만 각각 서로 다른 시스템의 구조를 비교하기가 쉽다. 아래 왼쪽 그림은 기존의 TCS 설비들의 입구와 출구를 비교하고, 각각 어떤 설비로 구성되는지 알아보기 쉽다. 즉, 글이나 단순한 표로 구성하는 것보다 직관적으로 알아보기 쉽고, 설명하기도 쉽다.

그런데 다른 설비들은 그동안의 경험으로 볼 때 구성하기 어렵지 않은데, 차량 단말기와 통신 장치(비콘) 간에 어떻게 통신해야 하는지는 처음 겪는 기술이었다.

고려해야 할 변수는 무엇인가? 실제 차로의 구성과 연관성은 어떻게 고려할 것인가? 무선통신의 특징은 무엇이 있을까? 등을 고민해보았다.

일단 정리해보았다. 차종 분류를 위해서는 기존 설비를 활용하자. 그러면 가장 중요한 부분은 무선통신 부분인데, 무엇을 고려해야 할까?

네 가지 설계 요소를 뽑아냈다.

- 차량 단말기(OBU)와 통신 장치(비콘)의 설치 위치?
- 차량의 제원, 즉 차량의 길이?
- 차량의 속도는?
- 차량의 속도, 데이터 패킷 크기, 그리고 3회 재통신(Retry)을 고려할 때 최소 100m/sec를 확보할 수 있는 통신 영역(Footprint)이 필요하다.

그 결과 아래 그림처럼 최소 5M의 통신 영역이 필요하다는 결론이 나왔고, OBU의 위치와 비콘 설치 높이를 고려할 때 차종 분류 장치로부터 약 7m 거리에 비콘을 설치하는 것이 최적이라는 결론이 나왔다.

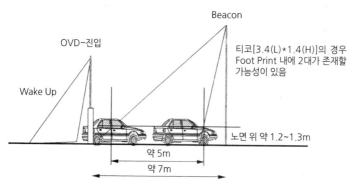

▲ 그림 1-112

이러한 설계 방법은 2000년대 중반부터 도입한 RF 능동 방식과 IR 능동 방식 시스템의 설계에 동일하게 적용되었다. 핵심 설계 요소를 도출하면 나머지는 그림과 계산을 통해 도식으로 정리되고, 이를 통해 머릿속에서 시뮬레이션 할 수 있다. 이 과정에서 물론 보완 사항이 나올 것이다. 효과적이지 않은가?

2005년경 RF 능동 방식에 참여한 책임자는 필자가 왜 이렇게 까다롭게 설계했는지 이제야 이해된다는 고백을 한 적이 있었다. 힘들지만 시스템의 성능에 영향을 미칠 수 있는 각종 변수를 도출하고, 이를 그림으로 표현하면 시행착오를 줄일 수 있는 좋은 기회가 될 것이라는 점을 다시 한 번 강조한다.

앞서 기존의 TCS 설비와 연계하는 방법, ETCS를 설계하기 위한 고려 요소를 살펴보았다. 다음 단계는 전체를 묶는 과정이 남아 있다. 이 단계에서는 전체적인 구성과 각 설비 간 데이터의 흐름을 일목요연하게 표시해야 한다.

아래 그림과 같이 각 설비들을 예정된 위치에 배치하고, 차량이 진입해서 진출하는 이벤트별로 각 설비에서 작동하는 데이터의 흐름을 표시하였다. 이때 각 이벤트별로 순서도를 표시해주면 이해하기 쉽고 설명하기도 쉽다.

출구 유인 일반차선

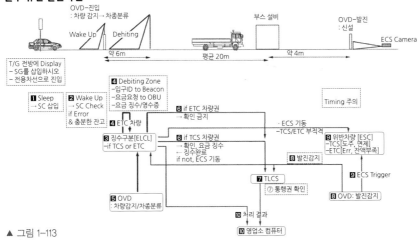

▲ 그림 1-113

우리나라 고속도로 요금 징수의 역사

우리나라 고속도로는 1968년 서울과 인천을 잇는 경인고속도로 건설로 가시화되고, 1970년 경부 고속도로를 포함하여 많은 고속도로가 건설되는 등 고속도로 시대가 활짝 열렸다.

한국도로공사는 1969년 2월 설립되어 고속도로, 지방도로, 지방 국도의 설치 및 관리와 이에 관련된 사업을 통해 도로의 정비를 촉진하고 도로 교통의 발달을 목적으로 설립된 대한민국의 준시장형 공기업이다. 현재 37개의 노선과 총연장 4,195km의 고속도로를 관리하고 있다.

통행료 징수 시스템은 1993년 6월 10일 TCS(통행료 징수 기계화 시스템)이 인천, 판교, 성남, 청계 및 구리 영업소에 최초로 개통되고, 1994년 8월 16일 00시부터 전국 64개 영업소에서 전면적으로 시행되었다.

이후에 수동 방식 하이패스 시스템을 필자의 팀이 국내 최초로 개발하여 쟁쟁한 해외 경쟁사를 물리치고 수주하여 2000년 6월 30일부터 판교, 성남, 청계 영업소에 적용하였다. 이후에 여러 가지 사정으로 능동 방식이 개발되어 2004년 2월 18일부터 같은 곳에서 운영되기 시작하여 현재는 전국 고속도로와 민자 고속도로에 확대 운영되고 있다.

2010년 12월 31일부터는 하이패스 시스템 기반으로 교통 정보 시스템을 전국으로 확대하여 운영되고 있다.

아래 구성도는 2002년경 대외에 발표한 자료이다.

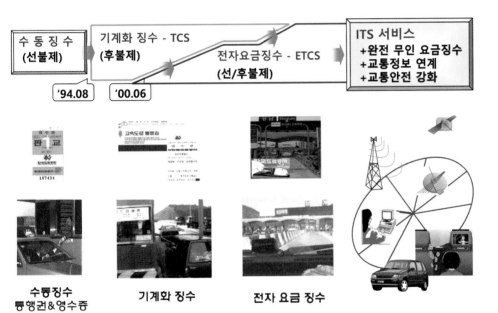

▲ 그림 1-114

시스템을 설계할 때 의견 모으기

1980년대 말, 필자가 모 제철소의 보안 시스템 구축을 위해 미국의 TRW라는 SI 전문회사와 협업할 때 배운 사항이다. 시스템 설계는 한 명이 다 하기는 어렵지만, 한 명이 할 수밖에 없는 상황이 많이 생긴다. 이럴 때 내가 한 설계가 다른 조직의 팀원 의견을 모으는 방법으로 좋다고 생각한다.

우선 설계서의 검토 의견을 모으는 장표이다. 어느 부분(Paragraph, 그림)에 어떤 코멘트 또는 질문이 있는지를 작성하고, 담당자는 어떻게 보완할 것인지 다시 피드백할 수 있다.

PROPOSAL REVIEW REMARKS		
REFERENCE (Para. or Fig. No.)	COMMENTS OR QUESTIONS	Reviewer: Date: Author Action:
REFERENCE (Para. or Fig. No.)	COMMENTS OR QUESTIONS	Reviewer: Date: Author Action:
REFERENCE (Para. or Fig. No.)	COMMENTS OR QUESTIONS	Reviewer: Date: Author Action:
REFERENCE (Para. or Fig. No.)	COMMENTS OR QUESTIONS	Reviewer: Date: Author Action:
REFERENCE (Para. or Fig. No.)	COMMENTS OR QUESTIONS	Reviewer: Date: Author Action:
REFERENCE (Para. or Fig. No.)	COMMENTS OR QUESTIONS	Reviewer: Date: Author Action:

▲ 그림 1-115

두 번째는 Thesis method이다. 이는 시스템 설계 아이디어를 간단한 스케치와 한두 줄로 핵심을 요약하는 도구이다. 각자의 최적화된 도구를 만들기 바란다.

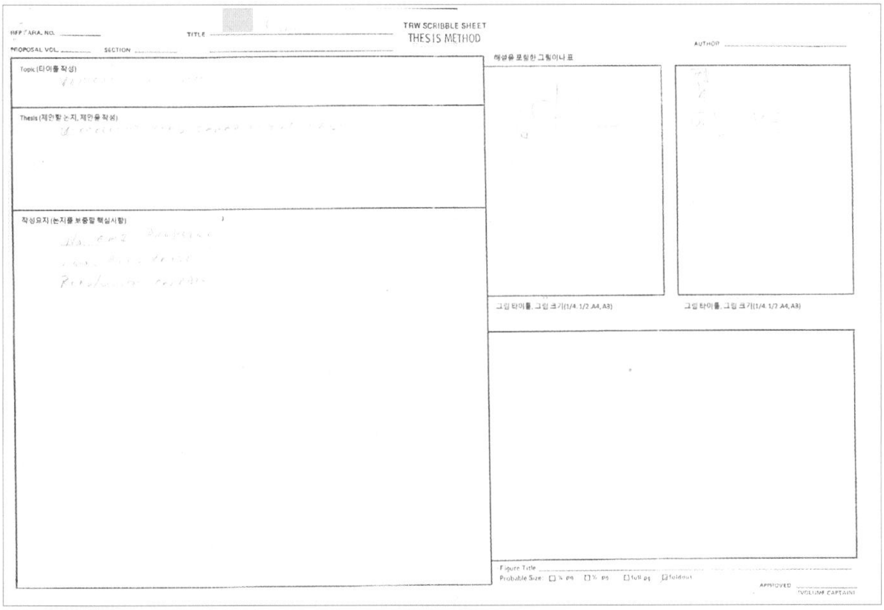

▲ 그림 1-116

Thesis의 사전적 의미는 논제 (論題)라고 나오나, 여기에서는 어떠한 아이디어를 한두 개의 문장으로 작성하는 것을 말한다.

각 섹션의 토픽, 작성할 논지를 간단히 요약. 논지를 보충할 사항을 요약하여, 작성하고, 그림을 어떤 크기로 그릴 것인지 대략 스케치를 한다. 이를 통해 전체적인 주제를 보완해 나간다.

Part 2

시스템 그리기

01

생각을 전달하는 방법

1부에서는 '그림을 그려 생각을 정리하고 시스템을 설계하기'에 대한 설명과 예시를 들어보았다.

시스템 설계, 아니 시스템뿐만 아니라 우리 사회의 모든 메커니즘을 설계할 때 생각을 그림으로 정리해서 구체화해 나간다면 좀 더 효율적으로, 누락되는 사항 없이 점차 완벽해질 것이다.

2부에서는 생각을 그리는 구체적인 방법론을 제시하고자 한다.
- Visual Thinking(비주얼 씽킹)
- Journey map(여행 지도)
- Graphic facilitation(그래픽 활용)

추가로 생각을 그리는 방법을 좀 더 효과적으로 활용할 수 있는 사례를 제시한다.

이 밖에도 더 많은 방법론이 있을 것이다. 여기에서는 그중에서도 필자가 가장 영감을 많이 받고 실무에 적용하는 데 가장 많이 사용했던 방법을 소개하고자 한다.

생각 그리기

1부에서 시스템을 그리는 방법과 예시를 설명하였다. 어떻게 설명할 것인가? 간단한 구조의 시스템은 앞에서 설명한 시스템 다이어그래밍을 통해 구조화하고 설계를 시작할 수 있다. 그런데 좀 더 복잡한 시스템(여러 개의 시스템이 복합된 경우 등)의 경우에는 시스템 다이어그래밍을 통해 시스템 스케치를 할 수 있지만, 다음 단계로 상대방에게 어떻게 설명할 것인지에 대한 고민을 해보자.

많은 경우 제안서, 프레젠테이션을 통해 상대방을 설득해야 하는데, 어디서부터 시작할 것인가? 어떤 방법이 좋을까?
그동안의 경험을 토대로 볼 때 우선 생각을 비주얼하게 정리한 후에 전체적으로 스토리라인을 갖고 다이어그래밍으로 표현한 자료가 가장 효과적이었다.

생각을 비주얼하게 정리하는 방법은 앞부분의 시스템 스케치 부분에서 간단하게 설명하였다.

텔레비전 프로그램 기법 스토리텔링 참조
(출처: 네이버 지식백과)

다음 단계는 '스토리라인을 어떻게 만들 것인가?'이다. 독자들은 기승전결과 복선을 깔아 놓은 드라마를 보면 시작부터 끝까지 머릿속에서 전체적인 장면이 자연스럽게 떠오르게 되는 것을 경험해 보았을 것이다.
기승전결의 흐름을 보려면 전체 스토리는 간결하게 시놉시스로 써보고, 이를 바탕으로 각 부분의 스토리를 써본다. 이 내용이 어떠한 논리성을 갖고 있는지, 즉 불필요하게 반복된 부분이 있는지, 결론이 무엇인지 또는 임팩트를 주는 부분이 있는지 등을 느껴보기 바란다.
그런데 시스템은 기술적인 사항으로서 드라마 형태의 표현 기법과 유사하지만 시놉시스상의 결론, 즉 구현될 시스템의 모습은 어느 정도 그려진 상황이므로 왜 이렇게 그려지게 되었고, 어떠한 효과를 볼 수 있는지를 보완한다면 드라마의 기승전결과 같은 흐름을 만들 수 있다.
즉, 하나의 흐름을 만들고 중간 중간 반드시 전달하고자 하는 핵심 내용을 추가하면 머리에 오래 남고, 특히 핵심사항을 기준으로 드라마처럼 눈앞에 흘러갈 것이다.
이러한 흐름을 표현하는 방법으로 Why, What, How, So what의 흐름으로 전개하면 매우 효과적이라는 사실을 알게 되었다.

4MAT

Writing Articles Using
Bernice McCarthy's 4-Mat
System(출처: http://www.
ninepointsmagazine.org)

▲ 그림 2-1

4-MAT는 수십 년간 교육 학습법으로 사용되어온 모델 또는 프로세스이다. 일반적인 교육 학습법에 대한 내용은 참고 자료를 참조하기 바란다. 필자가 생각하는 시스템 엔지니어링 측면에서 4-MAT의 의미는 다음과 같다.

Why

이 시스템을 왜 설계해야 하는지 확인하면서 상대방 관심 끌기
: 현황 분석을 해보니 이러이러한 이슈가 있군요.
: 이러한 문제를 해결하기 위해서는 이러한 요인이 필요하겠군요.

What

무엇을 할 것인지 큰 틀을 제시하기
: 현장조사와 우리의 사업 경험을 토대로 볼 때, 앞서 검토한 요인을 해소하기 위해 이러한 전략을 제시합니다.

How

어떻게 구체화할 것인지 방안을 제시하기
: 전체적인 시스템 구조는 이렇고, 각 부분별 구성과 특징을 제시합니다.
: 일정, 조직 등 수행 방안을 제시합니다.

So what

그래서
: 우리가 설계한 시스템이 구축되면 이러한 기대 효과를 볼 수 있습니다.

실제 발표 시에는 보충사항에 대한 참고 자료와 질의 응답을 위한 추가 자료를 첨부한다.

일반적으로 기업 내 또는 조달청의 입찰 발표에서는 약 15~20분 이내에 발표를 끝내야 한다. 발표 자료의 작성 요령은 뒤에서 설명할 예정이다. 종종 엘리베이터에서 약 30초 이내로 설명할 경우에는 당황하지 말고 4-MAT의 핵심 키워드를 요약해서 설명해보자.

- 조사해보니 저수지와 발전소 사이에 대관령이 있어, 케이블 공사에만 20억 원이 들고 개통일정에 맞추기 어려운 문제가 있었죠(Why).
- 이 문제를 디지털 코덱과 무선 통신을 이용해서 구축하면(What, How), 예산은 50% 이상 절감하고 행사 1개월 전에 완료할 수 있습니다(So what).

상황에 따라 Why, What과 How는 적절하게 통합해서 설명하는 것도 좋다.

4-MAT 적용 설계 사례

그동안 시스템 다이어그래밍을 통한 시스템 스케치를 이용하여 시스템 디자인을 하고, 최종적인 시스템 설계를 위한 기본 설계 과정을 살펴보았다. 이 절에서는 현실적인 제약 조건과 유사 사례를 검토하여 적정한 솔루션 적용 방안을 구상한 후, 대안을 제시하는 과정에 4-MAT의 프로세스를 적용해보자. 우선 글자로 전체적인 시놉시스를 만들어보자.

설계 목표

고객과 공유할 수 있는 공통의 목표를 설정하자.

- 저수지와 발전소 간의 대관령을 관통하는 통신 시스템을 이용하여 CCTV 모니터링 시스템을 구축함.

WHY

다 아는 이야기이지만 한번 더 짚어보자.

- 대관령 산맥을 관통하는 유선 통신 선로 공사에 막대한 예산/기간 이슈
- 예산을 가능한 절감하는 방안을 찾고 싶어함.

WHAT

이 부분에서 전체 시스템 구성도를 간략히 설명하자.

- 우리가 무선 디지털 인터페이스(Digital Interface) 솔루션, 고객사가 무선 통신 시스템에 통합 시너지를 발휘하면, 공사도 쉽고 유지 관리도 쉽다는 전략 수립

이 부분이 System Diagram/Sketch 노력의 결과이다.

- 이를 바탕으로 경제성이 있고 구축 가능한 구성을 제시

HOW

전체 시스템을 기준으로 각 부분의 구성, 기능, 특징 등을 설명하자.

- 저수지: CCTV 카메라를 다중화하고 디지털 코덱의 입력으로 연결
  : 디지털 코덱은 무선 전송 장치(μ-Wave)로 연결
- 전송로: 산악에는 LOS를 확보할 수 있도록 반사판을 설치(고객사 담당)
- 발전소: 무선 전송 장치의 수신 신호를 디지털 코덱으로 연결(비디오 복원) 및 모니터에 연결
- 기타: 무선 전송로는 양방향이므로 반대 방향으로 CCTV의 PTZ 제어 신호를 전송하여 카메라를 제어

So WHAT

기대 효과는 가능한 정량적(숫자)로 표시하자.

- 예산 50% 절감, 공기 60% 절감

기타 효과

이 부분은 특별 제안이라고도 한다.

- 음성도 전송할 수 있으므로 저수지 관리자와 긴급 통화도 가능한 특징
  다음 페이지에서 4-MAT를 적용하여 원 페이지 리포트(One Page Report)를 작성해본다.

알고 있는 내용이지만, 사업 목표를 명확히 인식하고 있다는 점을 강조함

Why와 What 부분으로, 고객에게 어필할 부분, 즉 결론 부분을 강조하여 관심을 끌어당길 수 있음.

경영층이라면 그림 윗부분만 이용하며 쉽게 이해하도록 설명

기술진이라면 아래 부분을 포함하여 상세하게 설명하면 됨.

대(臺, Each, ea)는 설치 공사가 없이 단독으로 설치, 사용 가능한 단위 장치(Note PC, 프린터 등)

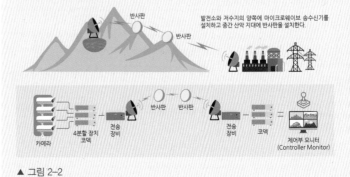

강릉 수력발전소 CCTV 모니터링 시스템 구축 방안

- ■ **설계 목표**
  - 저수지와 발전소 간의 대관령을 관통하는 통신 시스템을 이용하여 CCTV 모니터링 시스템을 구축함.
- ■ **문제점 분석 및 대응 전략**
  - 대관령 산맥을 관통하는 유선 통신 선로 공사에 막대한 예산/기간 소요
  - ○○사의 시스템 솔루션과 한국전력의 μ-Wave 반사판 시설의 운영 경험을 활용하여 예산 절감 및 공기 단축 효과가 가능함.
- ■ **시스템 구성 방안**

발전소와 저수지의 양쪽에 마이크로웨이브 송수신기를 설치하고 중간 산악 지대에 반사판을 설치한다.

반사판 / 반사판 / 카메라 / 4분할 장치 코덱 / 전송 장비 / 반사판 / 반사판 / 전송 장비 / 코덱 / 제어부 모니터 (Controller Monitor)

▲ 그림 2-2

■ **주요 구성품, 수량 및 소요 예산**

구분	수량	설치장소	기타
CCTV 카메라	4식	저수지	PTZ 제어기 포함
4분할장치	1대	저수지	4채널
비디오 코덱	2대	저수지, 발전소	T1(영상, 음성, 데이터)
μ-Wave 장치, 안테나	2식	저수지, 발전소	한국전력 담당
반사판	4식	대관령	
모니터	1대	발전소	
PTZ 제어 장치	1대	발전소	마이크 포함
정보 통신 공사	1식	공통	케이블 수량 별도 산정
소요 예산	0,000백만 원(VAT 별도)		

■ **소요 일정**
• 계약 후 2개월(강설에 의한 통행 장애 시 공식 연기 가능)

4-MAT를 적용한 프레젠테이션 사례

2008년 경기도청에서 '경기도 주요 도로 첨단 교통 관리 시스템 구축 사업'이 발주되었다. 고양시 구간, 과천-의왕 고속도로(지방도 309호선) 일부 구간 및 경기도 31개 시군에 지능형 교통 시스템을 구축하는 사업이다. 이미 경쟁사가 1차 사업을 수행한 바가 있으므로 Win- back을 하기 위한 전략을 고심하고 있었다.

제안서는 정해진 목차에 맞추어야 하지만 프레젠테이션은 제한이 없으니 여기서 승부를 걸기로 하고, 결국 세 가지 Win-back 전략을 수립하였다.

1. 평가위원을 감동시키기 위한 스토리 라인을 만들자.
2. 확실하게 감동시키기 위한 Killer-point를 추가하자.
3. 나머지 하나는 영업적인 이야기다.

'우리는 사업 내용을 잘 이해하고 있고, 심도 있는 분석을 통해 이번 사업의 성공 전략을 수립했습니다. 특히 제안 시스템에 추가하여 추가 비용 없는 특별 제안을 추가했고, 앞서 유사 사업 경험을 바탕으로 적기에 무사고 시공을 완수하겠습니다.'라는 시놉시스를 만들었다.

그런데 무언가 약해 보였다. 경쟁사도 분명히 이러한 시놉시스를 갖고 대응할 텐데 무엇인가 결정적인 한방이 필요해 보였다.

그래서 두 번째 Killer-point를 구상했다.

시놉시스에서 다른 부분은 다 사료가 있고 맛있게 표현이 가능한데 '잘 이해하고 있다', '심도 있는 분석'이라는 표현은 너무 추상적이고 상투적이라는 Why를 찾아냈다.

함께 헬리콥터를 타준 권○○ 후배에게 감사 드린다.

그래서 헬리콥터를 타고 사업 현장을 3차원적으로 분석해보기로 했다. 교통 시스템 분야에서 아직 누구도 시도해보지 않았던 현장 조사 방식으로 상공에서 바라본 현장(즉 도로의 교통상황)의 사진과 이를 통해 분석된 현장의 내용을 제안서에 담기로 하였다.

밋밋해 보이는 시놉시스에 무언가 임팩트를 줌으로써 스토리라인을 보다 역동적으로 만들 수 있을 것이라 확신하였다. 결과적으로 평가위원들이 감동하였고, 결국 수주하게 되었다.

경쟁사는 충격을 받았고, 어떤 이유에서인지 이 사업 이후부터 조달청 발표 자료에는 동영상 삽입이 금지되는 해프닝이 있었다.

즉, 아무리 잘 짜인 스토리라인도 밋밋하면 그 효과가 반감된다는 교훈을 얻었다. 드라마에서 종종 실종된 주인공이 갑자기 나타나는 것도 이와 유사한 이유 때문이 아닐까?

경기도 ITS 프레젠테이션 사례

우선 큰 틀에서 4개의 꼭지를 설정했다.

1. 사업의 이해   – 사업 목표의 이해
2. 사업 수행 전략   – Why, What
3. 사업 수행 방안   – How
4. 사업 관리   – How
5. 구축 효과   – So what

여기서 가장 신경 쓴 부분은 사업 수행 전략 부분으로, 면밀한 현황 분석과 사업 특성을 고려해서 네 가지 사업 방향을 설정하고 세부 전략을 수립하였다.

앞서 설명한 Killer Point는 헬리콥터에서 촬영한 영상을 1. 현황 분석 부분에 동영상으로 삽입하였다. 발표 시에는 '제가 직접 탑승해서 ~'라고 강조하면서….

▲ 그림 2-3

▲ 그림 2-4

▲ 그림 2-5

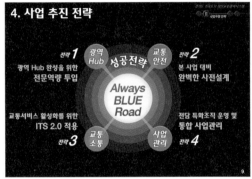

▲ 그림 2-6

▲ 그림 2-7

또한 마지막 So what 부분은 좀 더 색다른 방법을 적용하였다. 계속 만들어 오던 평가위원이 안심(Relax)하면서 마지막 감동을 받도록 '우리는 헬리콥터를 타면서 완벽한 설계를 하였고, 이를 통해 가족이 기다리는 아빠가 경기도 ITS 덕분에 무사히 집으로 돌아왔다'는 표현을 짧은 동영상으로 표현하였다.

나중에 들은 이야기에서도 확인했지만, '아! 저 회사는 저렇게까지 정성을 들여 설계하였고, 그런 만큼 이 사업을 잘할 수 있겠다'라는 평가를 했다고 한다. 프레젠테이션도 시스템 설계와 마찬가지로, 다양한 다이어그래밍을 통해 만들어진 스케치를 하나의 잘 짜여진 스토리 라인에 맞추면 일단 받아들이는 사람이 감동을 받을 수 있다.

여기에 중간 중간 Killer point를 삽입하여 임팩트를 줄 수 있다면 확실한 비교우위를 확보할 수 있을 것이다.

한 페이지에 4-MAT 적용하기

프레젠테이션과 달리 일반 자료를 볼 때 사람의 시선은 어디로 향할까? 일반적으로 위에서 아래로, 왼쪽에서 오른쪽으로 훑으면서 굵은 글자, 강조하는 테두리 또는 색깔로 강조한 단어 등에 시선을 좀 더 오래 머무는 경향이 있다. 이때 한 페이지든, 반 페이지든 4-MAT의 논리를 갖고 표현한다면 독자는 부담 없이 시선을 이동할 수 있을 것이다. 그러면서 강조된 부분의 내용은 좀 더 머릿속에 남게 될 것이다.

사례를 들어보자.
제안 요구사항(RFP)에서 제시한 내용을 그대로 설계하는 것보다 무엇인가 개선된 사항을 제시함으로써 우리의 실력을 보여주고자 한다. 아마도 경쟁사는 여기까지 생각하지 못하지 않았을까? 그러나 우리가 생각한 내용을 경쟁사도 제안에 포함했을지 모른다.
그러면 어떻게 강조해서 같은 내용이라도 평가위원에게 돋보이게 만들 것인가? 이때 필요한 것이 4-MAT를 다이어그램과 함께 제시하는 방법인 것이다.
아래 다이어그램과 설명을 읽어보자. 이를 참조해서 독자는 더 멋있는 장표를 만들 수 있을 것으로 확신한다.

Navigator를 통해 어떤 부분을 설명하는지를 표시한다.

Why
REP와 기본 설계를 분석해 보니 이런 문제점이 보인다.

What
그래서 이런 사항을 추가 설계하고자 한다.

How
Diagram과 같이 영상과 데이터를 All-IP로 통합하여 설계하고자 한다.

So-what
이미 이러한 적용 사례가 있는 입증된 기술로서 이러한 도입효과를 볼 수 있다.

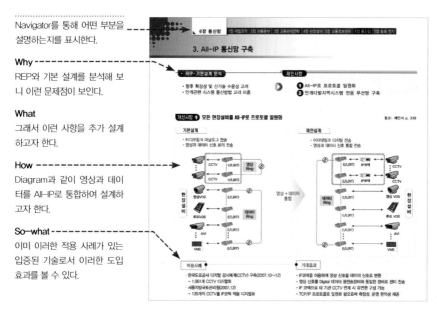

◀ 그림 2-8

4-MAT를 이용한 아이디어 구체화 사례

2015년 10월 (사)인터넷정보학회의 방송통신정책연구센터에서 개최한 '5세대 이동통신(5G)과 인터넷을 활용한 아이디어 및 학술 공모전'이 있었다. 삼성 SDS에 근무하면서 다양한 시스템을 설계, 구축하고 고객에게 브리핑을 하는 과정에서 항상 갈증을 느끼고 있었던 부분이 떠올랐다. 원래 본업이 도로의 교통 정보 시스템이었는데, 기본적으로 교통 정보는 2차원적인 또는 단편적인 정보를 수집해왔다.

그런데 카메라를 상공에 설치해서 이 정보를 수집할 수 있다면 어떨까 하는 고민을 해보았다. 드론에 카메라를 설치하고, 이 영상을 5G를 통해 전송한다면 가능할 것이라는 아이디어를 공모전에 제출하여 평창 동계올림픽위원장상을 받게 되었다.

이 장에서는 일반적인 아이디어를 어떻게 구상하고 시스템화했는지, 수상 후 토크쇼에서 발표한 자료를 토대로 설명하고자 한다. 생각을 구체화해 나가는 데 도움이 되길 바란다.

이 장에서는 프레젠테이션 요령이 아닌 생각의 구체화 관점에서 설명하고자 한다.
다만, 전반적인 논리 전개나 부분적인 도식 부분에서 필요한 사항은 별도로 언급하고자 한다.

UHD/Drones over 5G를 통한 차세대 평창 동계올림픽 3차원 영상서비스 시스템

2015. 11. 23

I. Why
II. What
III. How
IV. So-what

▶ 그림 2-9

시간 관계상 표지와 목차를 하나로 합쳤다(종종 이러한 형식도 필요하다).
발표 시에는 "아이디어를 어떻게 구상하고 구체화했는지 4단계로 요약해서 약 10분간 설명하겠다."와 같은 멘트로 시작하였다.
여기서 Why-What-How-So What의 순서를 눈여겨보자.

▶ 그림 2–10

우선 어떻게 아이디어가 시작되었는지 도입부를 풀어나갔다. 필자가 그
동안 해왔던 사업 경험을 토대로 아이디어가 시작되었다는 점을 표현하였
다. 즉, 상공에 카메라를 오래 띄워놓고 교통 상황을 모니터링하면 좋겠다
는 필요성으로 이 아이디어가 시작되었다.

▶ 그림 2–11

이 막연한 아이디어를 시스템화할 수 있도록 스케치하였다. 처음에는 연
필로 낙서처럼 그리다가 어느 정도 정리된 후에 파워포인트(PowerPoint)로

그려보았다. 결국 3차원으로 영상을 촬영하고 실시간으로 영상 콘텐츠를 전송하는 시스템이 필요하다고 생각하였다.

▶ 그림 2-12

마침 그러던 차에 아이디어 공모전이 개최되면서 아이디어를 좀 더 구체화할 수 있는 기회가 왔다.

어떤 전략을 고민해야 할까? – 이 부분이 What이다.

프로세스 기반의 생각 정리하기…

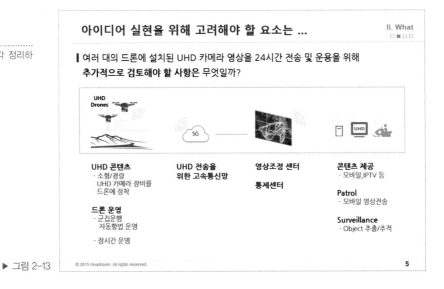

▶ 그림 2-13

그래서 그동안 시스템 설계를 하던 습관대로 이 막연한 아이디어를 시스템화할 수 있도록 스케치를 하였다. 어떠한 시스템이든 전체적으로 수집-가공-제공 · 제어의 프로세스를 거친다. 이 경우 영상 촬영-편집-제공의 프로세스와 각 부문별 고려해야 할 사항을 기입하였다.

생각을 정리할 때 이 프로세스를 기반으로 구상하면 쉽게 정리할 수 있고, 전체적인 상(Big Picture)을 그릴 수 있다.

▶ 그림 2–14

전체적인 시스템 스케치상에서 이 아이디어를 실현하기 위해 좀 더 고민해야 할 사항을 우선순위로 구분하였다. 문제를 풀어나가는 전략으로서, 너무 많은 것을 나열하면 실현 가능성이 적어 보이므로 1~2개가 적당해 보인다. 여기에서는 UHD 영상 기술과 5G 통신 기술을 지적했는데, 사실 우리나라의 기술로서는 큰 문제가 없는 사항이므로 은연중에 실현 가능성이 높다는 점을 부각시키고자 하였다.

▶ 그림 2-15

두 번째 고려사항이다. 이 부분도 별 문제는 없지만 드론의 장시간 운영이
문제라는 부분을 지적하였다. 다만 해결 방안은 How 부분에서 설명하겠
다고 미뤄 놓았다.

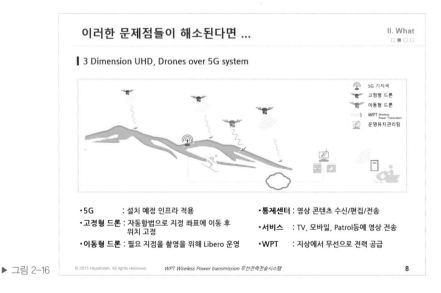

WPT Wireless Power transmission 무선전력전송시스템

▶ 그림 2-16

일단 이러한 문제점들이 해소되었다고 가정하고, 최종적으로 그려질 시스
템을 정리해보았다.

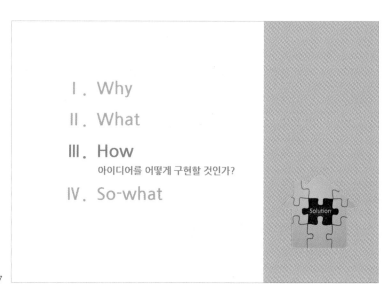

▶ 그림 2-17

이제 시스템을 좀 더 구체화된 모습을 보여드리겠다. 즉, How의 방법론이다.

How의 전체적인 그림을 스케치보다 더 구체화된 그림으로 그리기

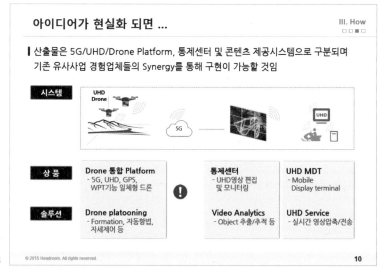

▶ 그림 2-18

이 아이디어가 실현될 경우의 산출물, 즉 솔루션은 이러이러하다는 것을 설명한다. 현재 기술력으로 구현하는 데는 거의 문제가 없다.

다만, 아까 우려했던 드론의 장시간 운영 문제에 대한 솔루션을 보충 설명하겠다.

WPT Wireless Power transmission, 무선전력전송시스템

▌Laser 또는 Microwave를 이용하여 지상에서 공중으로 전력을 전송하는 기술

SHARP
1980년대 캐나다 CRC 개발
Microwave 전력전송
지상 21km, 2km 반경 운행
1개월 이상 운용
CRC. Communications Research Centre

Stationary High Altitude Relay Platform

Model plane
NASA(2008)
Marshall Space Flight Center
에서 시험비행
Laser를 이용한 전력전송

10

▶ 그림 2-19

이 WPT 기술이 중간에 나왔다. 아마도 많은 청중들이 질문을 하려고 마음먹었을 것인데, 중간 부분에서 차단해 버렸다. 어차피 청중과의 기싸움일 테니까 말이다.

7개의 고정 카메라 화면과 1개의 이동형 카메라 화면이다. 이때 고정형은 어차피 큰 변화가 없으므로 사진으로 올리고, 이동형 부분에는 그럴듯한 동영상으로 표현하였다.

실제 상황과 유사하니, 청중의 효과가 더 좋았다.

평창올림픽에 적용된다면 …   III. How

▌용평알펜시아 스키장의 경우 7개 영역의 고정형과 이동형 드론 등 총 20대 소요 예상

• **행사장 면적**
  - 약 >1Km * 1km
  - 16:9 화면 비율 기준으로 약 7개 영역 촬영
    : (500M*280M)/화면

• **총 소요 드론 20대**
  - 운영시간
    : 08h ~ 20h (12h) • 2교대(6h) 운영
  - 고정형 17대, 이동형 3대
    : 7영역*2교대 + 3대(예비)

12

▶ 그림 2-20

구대리와 유대리는 누구? Google과 Youtube이다. 저작권을 조심하고 PPT의 힘을 빌리면 효과적인 자료를 만들 수 있다.

이제 How의 본론으로서 아이디어가 실현되었을 경우, 그 결과가 어떻게 보여질 것인지를 가늠해보는 것이 중요하다. 즉, 프로세스 중의 제공 단계로 보면 되며, 많은 사람들이 보고 싶어 하는 부분이다. 사진 또는 동영상을 활용하자. 프리랜서인 구대리와 유대리가 10명 몫을 할 테니 잘 가이드해보자.

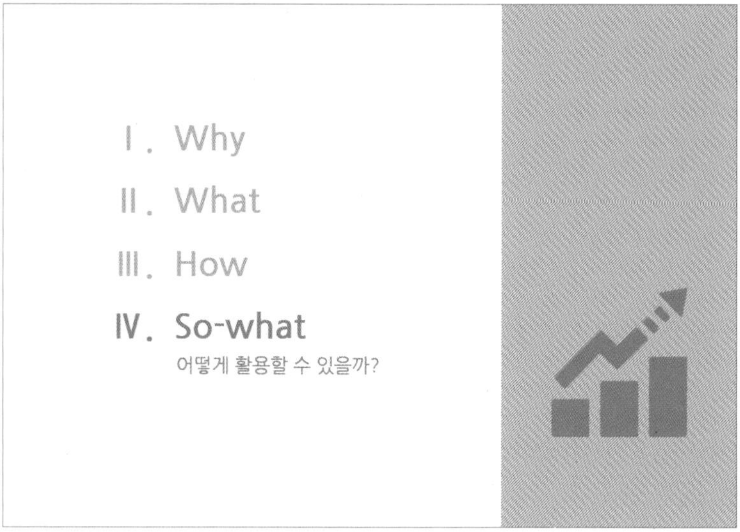
Ⅰ. Why
Ⅱ. What
Ⅲ. How
Ⅳ. So-what
어떻게 활용할 수 있을까?

▶ 그림 2-21

다음은 기대 효과 부분인데, 가능한 이 부분은 한 페이지라도 넣어보자. 모든 설명을 마무리하면서 가능하면 정량적, 정성적으로 작성한다. 결국 어떤 아이디어든 돈을 벌어주어야 하므로 미리 검토해볼 필요가 있다.

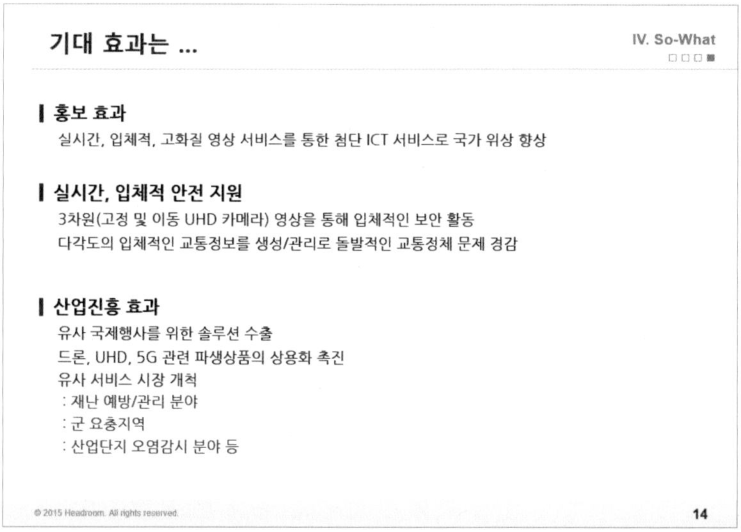
기대 효과는 ...
IV. So-What
홍보 효과
실시간, 입체적, 고화질 영상 서비스를 통한 첨단 ICT 서비스로 국가 위상 향상
실시간, 입체적 안전 지원
3차원(고정 및 이동 UHD 카메라) 영상을 통해 입체적인 보안 활동
다각도의 입체적인 교통정보를 생성/관리로 돌발적인 교통정체 문제 경감
산업진흥 효과
유사 국제행사를 위한 솔루션 수출
드론, UHD, 5G 관련 파생상품의 상용화 촉진
유사 서비스 시장 개척
: 재난 예방/관리 분야
: 군 요충지역
: 산업단지 오염감시 분야 등
© 2015 Headroom. All rights reserved.
14

▶ 그림 2-22

이 아이디어가 구체화되면 이러한 효과를 볼 수 있다.

이 부분은 약간의 립싱크와 자신감이 필요하다. 그리고 여기서 마무리하면 허전하므로 아이디어의 활용 방안을 쉽게 보여주면 이 아이디어 자체가 머릿속에 오래 남을 것이다. 실제 엔딩임팩트(Ending Impact)로 뇌리에 남게 된다.

▲ 그림 2–23

▲ 그림 2–24

이 부분도 3개 이내로 하는 것이 좋다. 가능하면 동영상을 추가하거나 이동 상황에 대한 부분은 애니메이션을 추가해보자.
"이렇게 운영할 수 있고 이러한 효과를 볼 수 있을 것으로 확신합니다."라고 자신 있게 마무리하자.

▶ 그림 2–25

프레젠테이션 관점에서 엔딩 멘트는 나름대로 고민해보기 바란다.

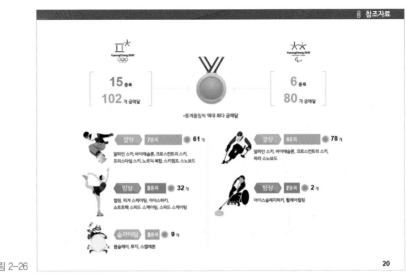

15 종목
102 개 금메달

6 종목
80 개 금메달

·동계올림픽 역대 최다 금메달

설상 7종목 · 61 개
알파인 스키, 바이애슬론, 크로스컨트리 스키,
프리스타일 스키, 노르딕 복합, 스키점프, 스노보드

빙상 5종목 · 32 개
컬링, 피겨 스케이팅, 아이스하키,
쇼트트랙 스피드 스케이팅, 스피드 스케이팅

슬라이딩 3종목 · 9 개
봅슬레이, 루지, 스켈레톤

설상 4종목 · 78 개
알파인 스키, 바이애슬론, 크로스컨트리 스키,
파라 스노보드

빙상 2종목 · 2 개
아이스슬레지하키, 휠체어컬링

20

▶ 그림 2-26

참조 자료를 만드는 것도 매우 중요한 일이다.

질의 응답을 위해 그동안 아이디어를 구체화하는 과정에서 모았던 자료를
활용해야 한다.

아직 끝난 게 아니다.

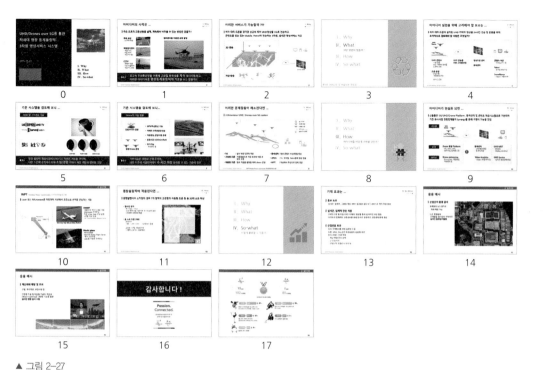

▲ 그림 2-27

몇 개월 고민하던 내용을 정리해서 10분 동안 발표해야 한다. 이 과정은
번거로운 것이 아니라 스스로 반드시 점검해야 할 사항이다.

그동안 생각을 구체화하는 과정에서 빠진 것이 없는지, 더 고민해야 할 것
이 있는지 전체 장표를 한눈에 보면서 점검하는 것이 큰 도움이 된다. 또
한 프레젠테이션을 위해 전체 장표를 한눈에 기억하기에도 좋다.

물론 20여 장을 넘으면 조금씩 헷갈리기 시작하지만, 몇 번 반복하면
30~40장은 머릿속에서 필름 돌아가듯 이어지게 될 것이다.

이 과정 자체가 생각을 정리하고 구체화해 나가는 좋은 방법이라고 생각한다.

생각을 그리는 방법들

비주얼 씽킹으로 하는 생 각 정리 기술
여기서는 생각 정리 기술 의 내용을 토대로, 필자의 시스템 설계 경험을 반영 하여 엔지니어에게 필요 한 부분을 재구성하였다. 간접 홍보는 아니므로 오 해가 없기 바란다.

토머스 에디슨(Thomas Edison)은 전구, 타자기, 전기 펜, 축음기, 영화 카메 라 등을 개발하며 약 1,093개의 특허를 등록했다. 에디슨이 1931년 사망했을 때 그는 생각을 정리한 스케치들이 담긴 약 3,500개의 노트를 남겼으며, 이 노트들은 미국 뉴저지의 웨스트 오렌지 연구소 기록 보관소에 보관되어 있다.

세계에서 가장 유명한 그림인 모나리자(Mona Lisa)를 그린 레오나르도 다 빈 치도 스케치 광으로 알려져 있다. 현재 그림 작품은 12점만 남아 있다. 반면에 표기법, 스케치 및 완성된 그림이 담겨있는 노트는 무려 13,000페이지에 달 하며, 현재 약 7,000페이지가 남아있다고 한다(https://www.bl.uk). 이 중 에는 마이크로소프트(Microsoft) 설립자인 빌 게이츠가 1994년에 약 3,100만 불에 구입한 Codex Leicester 등이 포함되어 있다.

이러한 사실은 천재 발명가인 에디슨이나, 위대한 천재 예술가이자 발명가인 레오나르도 다빈치에게도 그림을 그리는 것이 그들에게 매우 유용한 도구였다 는 것을 알려주고 있다.

이렇게 아이디어를 그림과 함께 기록하는 일을, 오늘날 우리는 이것을 '비주얼 씽킹(Visual Thinking)'이라고 부른다. 국내 제1호 비주얼 씽킹 강연자인 온은주 님의 정의에 따르면, 비주얼 씽킹은 생각과 정보를 그림으로 기록, 표현하는 것이라고 한다.

그림으로 생각을 정리하면 어떤 효과가 있을까?

좌뇌와 우뇌를 함께 자극해 정보를 더욱 창의적이고 명료하게 만들어 이해하기 쉽게 만들 수 있다고 한다. 예술적 재능이 없다고 걱정하지 않기를 바란다. 아이디어를 그리는 것은 초보적인 스케치로도 충분하다. 또한 아이디어를 그리는 것은 내 생각과 앞으로 만들어질 솔루션, 제품들이 소통하는 첫걸음이다.

이 장에서는 다양하게 표현된 비주얼 씽킹의 사례들을 보기로 한다.

비주얼 씽킹을 시스템에 적용하기

출처
http://news.mit.edu/2014/visual- thinking-engineers

MIT News
ON CAMPUS AND AROUND THE WORLD

▲ 그림 2-28

첫 번째 힌트, Visual Thinking for Engineers, MIT News

우연히 알게 된 'MIT news'라는 사이트에서 'Visual Thinking for Engineer'라는 기사를 보게 되었다. MIT 기계공학과의 부교수이며 MIT's Ideation Lab을 이끌고 있는 마리아 양(Maria Yang)이라는 교수가 초기 단계 스케치의 중요성(The importance of early-stage sketching)을 잘 이해시키기 위한 연구를 진행한다는 내용이었다. 몇 가지 중요한 표현을 옮기면 다음과 같다.

- 연구 초기 단계에서 그림으로 그리는 학생은 보다 훌륭한 디자인 결과를 만드는 경향이 있다. 그런데 놀랍게도 학생의 스케치하는 능력은 최종 디자인 산출물 성과에 별 영향이 없는 것 같다.
- 그림으로 생각하는 것은 스스로 생각하는 방법을 알려준다. 그것은 종이와의 대화라고 할 수 있다(A dialogue with the paper).
- 엔지니어는 전형적으로 sub-system과 Sub-component 관점으로 생각하는데, 중요한 점은 시스템 통합(Integration)이다. NASA와 협업하는 중에, 시스템 통합을 설계하는 데 있어 시각화(Visualization)가 얼마나 중요한 사항인지 알게 되었다.
- 엔지니어가 이러한 디자인 과정을 이해하게 되면, 제품의 시작과 끝 부분을 파악하는 데 도움이 된다.

구구절절 옳은 말이다. 시스템을 그린 후 이 그림과 대화를 하면 시스템 전체를 볼 수 있다. 그림을 그림으로써 보이지 않는 생각을 볼 수 있게 되고, 따라서 좌뇌와 우뇌, 즉 Logical 사고와 감성적인 Visual 사고가 협업하게 되는 것이다. 이 과정에서 아인슈타인, 레오나르도 다 빈치, 피카소 등 창의력의 고수들이 만들어진다.
나도 그런 방식으로 해온 것 같은데…. 일단 정리를 해보자.

두 번째 힌트, Visual Thinking으로 하는 생각 정리 기술

두 번째는 서점에서 우연히 보게 된 책 덕분이다. 막연하게 생각만 해오던 '생각을 정리하기'라는 주제로 풀어 쓴 책이다. 그림으로 그려서 생각하려고 하면, '나는 그림을 못 그리는데'라고 덜컥 겁부터 먹는 사람이 많은데, 이 책은 왕초보 비주얼 씽커들을 위해 쉽게 만들어져 있다.

다만, 필자와 같은 전문 기술을 다루는 엔지니어들이 직접 활용하기에는 약간 아쉬운 부분이 있어 생각 정리 기술의 내용 중에 시스템 설계에 필요한 사항을 골라내고, 여기에 실제 시스템 설계에 적용하는 방법을 비교하여 설명하고자 한다.

이 책에 대한 직접적인 설명은 간접 광고라는 오해가 있을 것 같아 여기서 멈추고, 과학계에 알려진 세계 10대 스케치를 소개하고자 한다.

아래 그림의 스케치를 보면, MIT news에서의 사례처럼 별로 잘 그리지 못했다. 전형적으로 그림 재주가 없는 사람이 그린 그림처럼 보인다. 그러나 어떤 생각을 그릴 것인지가 중요하지, 얼마나 잘 그릴 것인지는 중요하지 않다고 생각한다.

또한 이러한 그림에서 인류의 역사를 바꿀 만한 위대한 발명이 나왔다는 점을 강조하고자 한다.

http://www.loc.gov

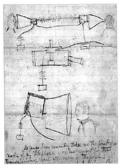

▲ 그림 2–29

그레이엄 벨이 그린 전화기 발명 스케치, 1986

http://npshistory.com/

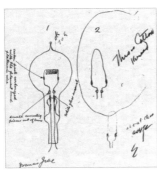

▲ 그림 2–30

http://edison.rutgers.edu/

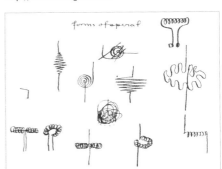

▲ 그림 2–31

프랜시스 젤(Francis Jehl)이 그린 초기 실험 모델 2종, 1879년 에디슨은 다양한 실험을 통해(우측 그림) 세 번째 무명실 필라멘트를 개발했다.

비주얼 씽킹의 목적은 무엇인가?

비주얼 씽킹의 핵심은 단순화이다. 복잡하든, 단순하든, 말과 글로 설명된 정보를 한눈에 알아볼 수 있도록 핵심을 단순화하여 시각적으로 표현하는 것이다.

아래 그림은 피카소가 석판화(Lithograph, 石版畵)로 그린 'The Bull'(1945)이라는 작품이다. 처음 그림들은 완전한 소의 형태를 띠고 있지만, 하나씩 소에 대한 형상들이 단순화되면서 마지막에는 소와 소의 뿔을 선 하나로 단순하게 표현하였다(온은주).

그런데 필자가 여기에서 피카소의 작품을 거론한 또 한 가지 이유는 애플 사의 디자인 철학과 관계가 있다.

아래의 11마리 황소 그림은 바로 애플 사가 신입사원들에게 디자인 철학을 교육시키는 교재이다. 결국 애플 사의 디자이너들은 피카소가 걸작을 만들기 위해 디테일을 제거하는 방식을 따라 단순함(Simplicity)을 추구하려고 애쓴다. 결국 '기능과 아름다움은 단순함으로부터 나온다'라고 믿고 있다.

이러한 믿음으로 생겨난 대표적인 제품이 바로 Apple TV의 리모컨이다. 엔지니어들이 설계한 초기 디자인 모델은 버튼이 78개였는데, 애플의 디자이너들은 결국 3개면 충분하다는 결론을 냈다. 단순함의 미학이 새로운 솔루션과 시스템을 만들고 새로운 비즈니스 모델을 창조하는 것 아닐까?

▲ 그림 2-32

리모컨에 대한 최종 결론은 버튼 3개(Play, Pause and Select) 나머지는 모두 메인 메뉴로….

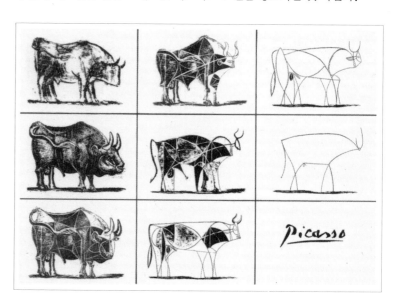

The Bull Pablo Picasso, 1945
https://www.flickr.com, Sora

▲ 그림 2-33

앞에서는 유명 화가가 그린 그림의 단순화에 대해 설명하였다. 그러면 시스템을 단순화한 그림의 사례는 어떻게 설명할까?

필자의 꿈은 수년 후 가족들과 공기 좋은 곳에 있는 단독주택에서 지내는 것이다. 그런데 건축 시공을 하는 지인이 "단독주택에는 베란다, 테라스, 그리고 발코니 등이 있어야 좋다."라는 이야기를 했다. 필자는 이 이야기를 이해하는 데 상당한 시간이 걸렸다. 인터넷에서 찾아보았다.

베란다(Veranda)는

1층과 2층의 면적 차이로 생긴 (2층) 공간을 활용해 만들 곳을 말한다. 즉, 아래층과 위층의 면적 차이로 생긴 공간을 뜻한다. 위층의 면적이 아래층보다 작으면 아래층의 지붕 위가 위층의 베란다가 된다.

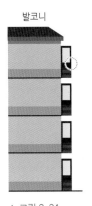

발코니   베란다

▲ 그림 2-34

2층짜리 단독주택에서는 흔히 베란다를 볼 수 있지만, 아파트는 계단식으로 설계되지 않는 이상 베란다 공간을 만들 수 없다.

발코니(Balcony)는

2층 이상의 건물에서 거실을 연장하기 위해 내어 단 공간으로, 쉽게 말해 아파트처럼 2층 이상의 건물에서 거실을 연장하기 위해 밖으로 일정하게 돌출된 공간을 말한다.

근래에 전용 정원이 없는 아파트 건축에서는 바깥공기와 접하는 유일한 장소가 되고 있다.

테라스(Terrace)는

실내 바닥 높이보다 약 20cm가량 낮은 곳에 전용 정원 형태로 만든 공간으로, 거실이나 주방으로 통해야 하며, 1층에만 설치된다.

한참 동안 설명을 읽었는데도 이해하기가 어려웠다. 그런데 맨 아래 부분에 그림이 들어가 있었는데, 그것을 보니 한번에 이해되었다. 그림을 잘 그릴 필요도 없다. 아래 왼쪽과 같이 간단히 스케치해 놓으면 얼마나 빨리 이해할 수 있을까?

비주얼 씽킹의 적용 사례

구글 마스터 플랜의 탄생

구글 본사의 로비에는 커다란 화이트보드가 있는데, 여기에는 구글의 마스터 플랜과 관련된 커다란 플로차트가 그려져 있다. 구글은 사업 초기에 긴 화이트보드를 갖다 놓고, 직원들에게 자유롭게 서비스 아이디어를 적으라고 한 후 여기에 선을 긋고 연결하도록 하였다고 한다.

아래 그림과 같은 비주얼 씽킹 자료를 통해 전 직원들이 앞으로 어떤 서비스를 만들지에 대한 아이디어를 공유하도록 하였고, 이 화이트보드를 구글 현관에 전시하였다. 여기에는 건강, 부동산 등 새로운 비즈니스 도메인과 TCP/IP의 재설계와 같은 야심찬

BitTorrent
인터넷을 통해 공유를 허용한 사용자들로부터 파일을 여러 조각으로 나눠 공유하기 때문에 사용자가 많을수록 다운로드 속도가 빠른 서비스

프로젝트들, 그리고 BitTorrent 기반의 혁신적인 아이디어들이 메모되어 있다.

개념에 그쳤던 아이디어들에 상상력과 기술, 자본이 투입되어 10년 후에는 인공지능의 선두를 달리고 있다.

꿈을 종이에 적고 매일 바라보며 실천을 노력하면 이루어진다는 옛 말을 그대로 실천해보자.

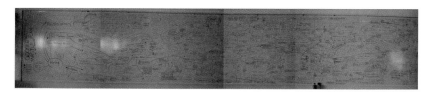

▲ 그림 2-35 http://blog.deadlycomputer.com, Stephen Giorgi

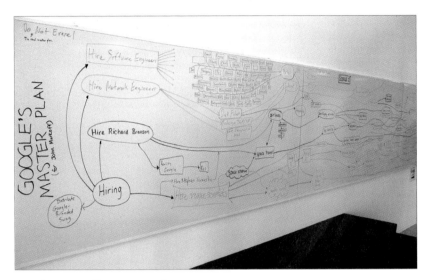

▲ 그림 2-36 https://www.flickr.com, Steve Jurvetson

설국열차 설계도

생각을 정리하고 그림으로 표현하는 좋은 사례로는 설국열차를 들 수 있다. 2013년 8월에 개봉되어 호평과 악평이 난무하였지만, 필자와 같은 엔지니어 입장에서는 배울 점이 매우 많다고 생각한다.

설국열차는 봉준호 감독이 1년 넘게 시나리오를 쓰고 직접 손으로 열차를 설계하였다는 점, 1년에 한 번 지구를 한 바퀴 도는 설국열차의 노선도 그리고 각 열차의 생활환경과 갈등의 전개를 철저히 비주얼 씽킹의 관점에서 그렸다는 것이 특징이다. 이는 엔지니어의 시스템 디자인 접근 방법과 유사하다고 생각한다.

▲ 그림 2-37
www.flickr.com

아래의 실국열차 설계도를 보면, 열차는 첫머리의 엔진 차량부터 꼬리 칸까지 총 60량으로 구성되어 있고, 한 량의 길이가 25m로서 총 길이는 1.5km이다. 각 칸마다 용도와 주요 특징을 설정하였으므로 미술 팀을 포함한 전체 제작진에게 일종의 가이드 역할을 하고 있다. 즉, 하나의 마스터 플랜이라 할 수 있다.

'만일 430억 원의 제작비가 들어간 초대형 영화 작품을 이러한 그림, 즉 설계도 체계 없이 일반적인 대본 또는 콘티 정도의 가이드를 갖고 촬영했다면 어땠을까?'라는 상상을 해본다.

생각을 그리고, 이 그림을 통해 수십, 수백 명의 스태프들이 일사 분란하게 움직일 수 있도록 유도하는 것이 효과적인 비주얼 씽킹의 사례가 아닐까.

출처
https://www.flickr.com, Jinho Jung

봉준호 감독의 상상력, 시스템 엔지니어다운 리더십, 그림 능력에 경의를 표한다.

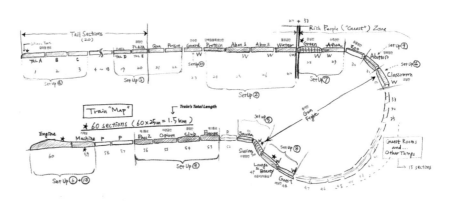

▲ 그림 2-38

저니맵으로 스케치하기

저니맵 부분은 김동환님의 '서
비스 경험 디자인을 시작하다'
를 참조로 재구성함.

엔지니어는 머릿속(내 머릿속이든, 고객의 머릿속이든)에 있는 생각 또는 장황하게 글로 작성된 문서를 일목요연하고 알기 쉽게 표현하기 위해 그림(Diagram)을 그릴 필요가 있다. 이번에 소개하는 방법은 Customer Journey Map(사용자 저니맵)이라는 사용자의 경험을 체계적으로 시각화하는 방법으로, 개념과 실제 적용 사례를 설명하고자 한다.

저니맵은 사용자가 특정 장소에서 움직이는 여정과 사용하는 서비스의 종류, 사용자와의 터치포인트를 중심으로 구성되어 있다.

여정
경험을 바탕으로 하는 경로

사용자가 서비스와 상호작용하면서 느끼는 상황을 이해하기 쉬운 방식으로 표현하고, 사용자가 불편을 느끼는 지점과 터치포인트 위주로 개선에 대한 아이디어를 모아, 서비스 개발의 방향을 정하고 우선순위를 정할 수 있다. 이러한 저니맵은 Persona의 서비스에 적합하게 다양한 방법으로 표현된다.

터치포인트
서비스와 상호작용(인터랙션)하는 포인트

싱가포르의 응텐퐁 종합병원(Ng Teng Fong General Hospital)은 진료의 효율화를 위해, 환자(또는 면회객)과 의료진을 Persona로 설정하여 아래 그림과 같이 Patient journey를 설계하였다. 기존에는 외래병동을 방문하여 진료를 받을 경우, 일일이 예약하고 접수증을 받고 왔다 갔다 하는 불편함이 있었다.

Persona
: 서비스를 이용하는 사용자 개인

그러나 이러한 저니맵을 통해 업무 절차와 동선을 분석하여 효율적인 진료 업무가 가능한 시스템을 설계하였다. 신분증을 이용하여 한 번 접수가 되면 이 번호로 일괄 예약을 하고, 각 진료 부서에 자동 등록 처리된다. 진료가 완료된 후에 한 번에 정산할 수 있다.

출처:
https://www.juronghealth.com.
sg/Our_Hospitals_Facilities/Ng_
Teng_Fong_General_Hospital.
aspx

자, 이제 시스템을 설계할 때 저니맵을 어떻게 적용했는지 알아보자.

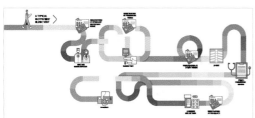

As-Is
기존의 외래병동 방문객은 환자 면회를 위해 복잡한 절차를 거친다.
▲ 그림 2-39

To-Be
새로운 체계를 적용하여 일사천리로 면회할 수 있다.
▲ 그림 2-40

감염성 질병 관리 시스템을 위한 저니맵

필자가 병원 안전 정보 시스템을 설계할 때 감염병이 어떤 경로로 유입되고, 누가 어떻게 관리하는지 파악하는 것이 급선무였다. 이를 위해 2015년 메르스로 우리나라가 혼란스러울 때 보건복지부에서 공개한 '메르스(MERS) 대응 지침'이라는 아래 그림과 같은 관리 절차를 참조했다.

Persona는 여행객(의심 및 확진 환자 포함), 의료 기관, 관계 기관으로 구분하였고, 각 업무별로 수행해야 하는 터치포인트 개념을 플로차트 형태로 서술하였다. 이 차트를 이해하는 데 시간이 걸리고, 또한 여기에서 어느 업무 부분에 ICT를 적용할 것인지를 고민하였다.

따라서 이러한 업무 플로를 저니맵 형태로 그림, 즉 다이어그램으로 도식화하여 재구성하였다.

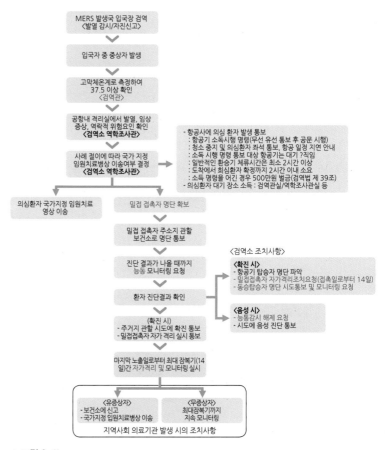

▲ 그림 2-41

앞에서 그린 메르스 대응 지침의 플로차트를 토대로, 일단 Persona를 여행객, 의심 환자 및 확진 환자로 구분하고, 각 행동 반경 및 주요 터치포인트를 맥락을 기준으로 검토한 결과 아래 그림과 같은 저니맵을 구성하였다. 그 결과 5개의 터치포인트로 단순화하고, 각 터치포인트에 대한 서비스(Persona Experience)를 재정의하였다. 여기에 ICT 기술을 접목하는 방안을 구상하였다.

이러한 구분은 전문가별로 의견이 다를 수 있다.
하나의 다이어그램 방법론으로서 이해해 주면 좋겠다.

1. 공항 내 검역 단계
 : 필요시 1:1 비접촉 체온을 측정하여 환자/비환자를 분류하는 업무

2. 병원 격리 단계
 : 확진 환자의 격리와 접촉의 통제, 손 세정 강화, 환자/일반인 이동성 통제

3. 자가 격리 단계
 : 자가 격리 시 체온 변화 측정의 자동화와 온라인화

각 단계별 업무 내용은 다이어그램의 주제와 약간 어긋나 있으므로 상세한 설명을 하지 않았다.
관심이 있는 분은 별도 연락 바란다.

4. 이송 단계
 : 지정된 구급차의 위치 파악, 가용성 관리 및 배차 관리

5. 폐기물 처리 단계
 : 비접촉 방식의 폐기물 관리, 최종 폐기 결과 확인의 On-line화

그 결과 이 터치포인트를 기준으로 ICT를 융합하는 방안을 쉽게 설계할 수 있었다. 물론 팀원들과 고객에게 설명하기도 쉬웠다.

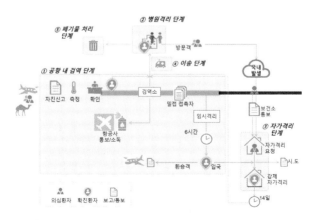

▲ 그림 2-42

다음으로는 전체적인 감염병의 생애주기를 그린 후, 가장 핵심 관리 주체인 의료 기관에서의 문제점을 분석하고, ICT를 접목하는 방안을 구상하였다. Persona는 일반인(감염병에 걸렸을지 모르는 방문객), 입원 환자, 진료 기관의 관계자(의사, 간호사, 직원 등), 그리고 의료 기관에서 사용하는 시설물로 설정하고 아래 그림과 같이 저니맵을 그렸다.

우선 현재의 문제점은 병원에 방문해서 간단한 등록 절차를 거친 후 병실에 방문하여 병문안을 하고 가는 것이다. 여기에는 건전한 의미의 방문객뿐만 아니라 홍보 또는 장기 밀거래를 하는 브로커들도 포함되어 있다고 한다. 일단 아무나 언제든지 아무 병실이나 돌아다닐 수 있다는 점이 문제점으로 지적되었다.

무방비 상태로 돌아다니는 과정에서 자칫 저항력이 매우 떨어진 환자와 감염병 의심 환자들이 섞여 돌아다닐 경우 감염병이 확산되는 문제가 있다.

이러한 문제를 해결하기 위해 병원 내에서의 활동 영역을 저니맵으로 구성해 보았다. 일단 면회실을 격리된 공간에 만들고 출입 영역, 병실 영역 그리고 격리 영역으로 구분하여 Persona를 관리할 수 있는 구조로 스케치하였다. 그리고 각 영역 및 Persona에 적절한 ICT를 적용하는 방안을 제시하였다.

As-Is, Persona의 혼재 및 관리의 부재에 따른 문제 상황

Detailed Journey map
Persona 활동 영역으로 재구성

▲ 그림 2-43

▲ 그림 2-44

버스 이용자 서비스 및 광고 시스템을 위한 저니맵

버스와 버스 정류장은 대표적인 대중교통 수단이자, 광고하기 좋은 공간이다. 관광객을 Persona로 선정하면 Persona가 정류장에서 버스를 기다리다가, 버스에 올라타고 목적지에 도착해서 목적지를 가는 동안 대중교통 정보뿐만 아니라 광고를 제공함으로써 다양한 사업 모델을 만들 수 있다.

여기서 엔지니어들은 관광객 여정의 어느 부분에 어떤 시스템을 적용하여 사업 모델을 완성시킬 수 있을 것인지를 고민하게 된다. 이때 유용한 방법이 저니맵 스케치이다.

이 저니맵을 개념적으로 풀어보자.

1. Persona를 관광객으로 설정
2. 호텔에서 버스 정류장에 도착–버스 이동–정류장 도착 및 목적지 도착 여정
3. 터치포인트는 버스 노선 정보, 도착 예정 시간, 버스 및 정류장에서의 광고, 기타 관광에 필요한 정보들

아래 그림은 업무 중 작성한 저니맵을 재구성한 것이다.

필자는 이 정보를 토대로 저니맵을 아래 그림과 같이 도식화하고, 각각의 터치포인트에 대해 어떤 솔루션을 어떻게 배치하고, 어떤 서비스를 제공할 수 있는지 설계하였다.

이러한 저니맵을 설명할 때는 애니메이션을 이용하여 Persona의 이동, 주요 특징의 팝업(Pop-up), 버스의 이동 등을 움직임으로 보여주는 것이 좋다.

ETA
Estimated Time of Arrival
버스 도착 예정 시간

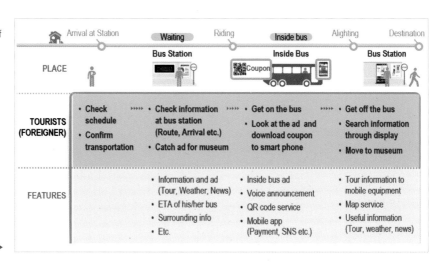

그림 2-45 ▶

그래픽 퍼실리테이션으로 생각을 정리하기

Graphic Facilitation
팀 구성원이 각자의 생각을 보여 줄(SEE) 수 있고, 상호 커뮤니케이션 및 의사결정을 지원해주는 시각적 접근 방법
– Christina Merkley, M. A
Graphic Facilitator
한글로 표현하기 어려워 영문으로는 G. F로 표현하고자 함.

필자는 이 책의 여러 곳에서 생각을 그림으로 정리하자고 주장하고 있다. 꼭 시스템을 설계할 때뿐만 아니라 각종 회의, 워크숍 등에서 개개인이 갖고 있는 생각을 하나의 그림으로 표현하면 빠른 의사 결정이 가능해진다.

이러한 방법론 중 하나가 '그래픽 퍼실리테이션(Graphic Facilitation)'이다. 자신의 생각을 이미지를 통해 시각적으로 구성하거나 회의나 워크숍 등에서 논의되는 내용을 시각화하는 행동으로, 창의적인 아이디어를 촉진하고 몰입도를 높이는 데 유용한 방법으로 알려져 있다.

대부분의 시스템 설계 회의에서는 의견을 말로 제시하거나 칠판에 키워드 정도만 나열해서 협의한 후 회의록을 간단히 작성하는 경우가 많았다. 물론 어떤 팀원은 노트에 열심히 필기를 하는 경우도 있으나, 이러한 내용들이 공유되기는 어려웠다.

그러던 중 필자가 해외 사업을 진행할 때 동료인 한○○ 수석 디자이너가 제안한 G.F 방법을 적용하였다. 말로 흘러가는 아이디어, 고려할 사항, 설계에 반드시 반영해야 할 사항 등 간단하지만 중요한 내용들을 모으는 데 매우 효과적으로 사용한 경험이 있었다.

우선 회의실 내의 가까운 곳에 대형 판(칠판 등)을 준비한다. 이 판에는 팀의 목표에 맞는 카테고리를 구분하고(아래 그림과 같이 몇 가지 방법이 있다), 각자의 의견을 일단 설명을 한 다음에(설명하면서 생각이 정리됨) 적도록 한다. 이때 스티커나 직접 펜으로 작성하기도 한다.

G.F가 되려면 전문 교육을 받고 진행하는 것이 좋다. 디자인에 대한 감각, 제안 전략의 숙지 그리고 팀을 이끌어가는 리더십 등이 필요하다.

혹시 미술적인 감각이 있는 팀원이 있으면 금상첨화이다. 이를 통해 상호 토론을 하고 내용을 보완하면서 점점 구체적으로 발전되어간다. 그림은 관심을 모으는 데 유용한 도구이기도 하다.

▲ 그림 2-46

실제 필자가 해외 사업 중 하나를 진행할 때 현지 국가에 대한 정보가 많이 부족하였다. 간단하게는 강수량, 낙뢰 빈도, 해당 설치 지역의 전기 공급 상황부터 경쟁사 또는 협업 가능한 업체 동향, 현지 제조업체들의 기술 수준, 통관 프로세스 등에 이르기까지 필수적인 정보들이 절대적으로 부족한 상황이었다. 이 나라는 우리가 일반적으로 자주 가볼 수 있는 나라가 아니고 인터넷에서도 충분한 정보가 없는 지역이므로 애로 사항이 많았다.

이때 팀원의 제안으로 G.F 방법을 사용하게 되었다. 시스템 설계를 위해 필요한 각종 기술적인 요소들, 사업적으로 필요한 현지 정보들을 시스템 카테고리(설계, 제작, 구축, 운영, 확장 방안, 우리의 경쟁 우위 요소 등)로 구분하였다. 아래 그림과 같이 회의실 벽면 전체를 활용하여 카테고리들을 블록으로 구분하고, 팀원들은 각자의 생각과 아이디어를 붙임쪽지에 메모하여 부착하거나 직접 펜으로 작성하였다.

다음 단계로는 중복된 사항은 합치거나 이동하고, 중점적으로 확인할 사항은 적색 붙임쪽지로 부착하여 나중에 확인할 수 있도록 하였다.

G.F 방법은 생각을 정리하고 생각을 가시화함으로써 생각을 정리할 수 있을 뿐만 아니라 이를 통해 팀원들의 몰입도를 높일 수 있는 방법이라고 생각한다. 좋은 경험을 얻게 해 준 G.F 전문가 한○○ 님에게 감사드린다.

G.F 작업을 할 경우 전문 facilitator의 설명을 통해 방법을 이해한 후에 시작하는 것이 효과적이다.

Graphic Facilitation의 효과
• 큰 그림(Big-picture) 사고
• 공통의 이해 (Group memory)
• 참여도 향상
  (Increased participation)

다이어그램을 효과적으로 표현하기

독자는 엔지니어가 아니더라도 학교나 회사 또는 사업을 진행하면서 보고서, 제안서, 설계서 또는 프레젠테이션 자료를 만들 기회가 많이 있을 것이다. 우리가 갖고 있는 생각, 설계 사상, 사업 아이디어 등 많은 정보를 상대방에게 전달할 시간이 많지 않다. 강제로 듣게 하지 않는 한 상대방의 시선을 잡지 못한다면 관심을 갖지 않게 될 것이다.

몇 번 강조하지만 문장을 단어로, 단어를 도식(Diagram)으로 정리할 수 있다면 일단 상대방의 시선을 끌 수 있다. 특히, 프레젠테이션에서 좋은 슬라이드는 우선 필요한 것만 간결하게 표현하고(간결성), 배치나 크기 또는 색상 등을 보기 편하게(편의성) 그리고 한눈에 알아볼 수 있는(직독성) 특징을 갖고 있는 자료이다. 이러한 자료들은 사람의 눈길을 한 번 더 끌게 될 것이다.

여기에서는 시스템의 설계 사상과 구체적인 내용을 표현하기 위해 다이어그램을 표현하는 몇 가지 방법을 제시하고자 한다. 보고서, 논문 또는 팸플릿 등 어떠한 자료에도 공통으로 적용하여 효과를 볼 수 있을 것이다.

시중에 좋은 참고 자료들이 많이 있지만, 그중에 필자가 경험한 바를 토대로 가장 기본적이고 실무적인 사례를 제시한다.

도식, 아이콘의 활용 사례

시스템을 그리기 전에 머릿속에 몇 가지 구상이 떠오른다. 어떻게 그려볼까? 추상을 구체화하는 방법은?

일단 종이에 연필로 그려보는데, 대부분의 객체는 네모 박스, 원과 선 등을 그려가면서 구체화해 나갈 것이다. 막연하지만 몇 가지 도형을 이용하여 조금씩 모양을 만들고, 보완하고, 수정하는 과정에서 조금씩 구체화되어 갈 것이다. 언제, 어디서부터 시작되었을까?

우선 인류의 생활을 크게 변혁시킨 인터넷의 역사를 살펴보자.

1962년 미국 ARPA(Advanced Projects Research Agency) 기관에서 새로운 네트워킹 프로젝트가 진행되었다. 미국 내에 몇 대 안 되는 대형 컴퓨터와 이를 사용하려는 연구원들(지리적으로 여기저기 멀리 떨어져 있는)을 서로 연결하는 문제를 해결하기 위해 시작되었다.

사각형, 원 그리고 직선 몇 개를 이용하여 그림을 그리고 나면, 각 부분별 또는 각 연결 부분에 무엇이 필요할 것인지가 보이게 된다.

▲ 그림 2-49

화살표도 여러 종류가 있으므로 적절하게 사용하자.

이 책에서는 인터넷의 역사와 기술을 논하는 자리가 아니므로 필요한 사람은 전문 서적을 참조하기 바란다.

http://www.w3c.it/
education/2012/ upra/
documents/origins.pdf

▲ 그림 2-50

Cisco, 2015.6.1

이렇게 엄청난 네트워크로 발전했다.

▲ 그림 2-51

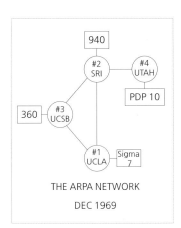

▲ 그림 2-47

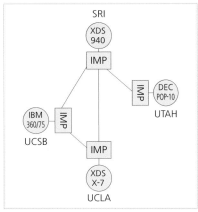

▲ 그림 2-48

이러한 간단한 도식이 1973년에는 35개의 호스트(Host)로 확장되었고, 2019년에는 IP 트래픽이 2제타바이트에 달할 것으로 예상하고 있다.

간단한 스케치에서 시작한 인터넷이 이제는 전 세계적으로 확산되어 사용되고 있다. 그러면 다른 사례는 없는 것일까?

http://jungganbp.egloos.
com/
https://en.wiki2.org
http://www.pixabay.com

필자는 음악에 조예가 깊지는 않지만, 테너 색소폰을 연습하고 있다. 어느 날 엔지니어 입장에서 다른 나라는 어떤 형식의 악보를 사용하는지 확인해 보았다. 냉정하게 판단해볼 때, 어떤 악보가 보기 쉽고 알기 쉬운지 알 것이다. 그래서 현대는 거의 모든 악보가 서양식 악보를 따르는 것이 아닐까? 생각, 즉 음악적인 상상력을 오선지와 음표 등 몇 개의 기호를 이용하여 상대방에게 전달할 수 있다는 것, 이것도 다이어그래밍의 한 방법이 아니겠는가?

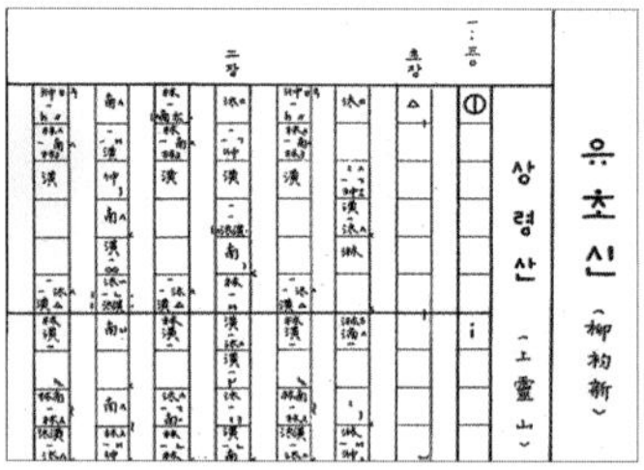

한국(정간보)

▲ 그림 2-52

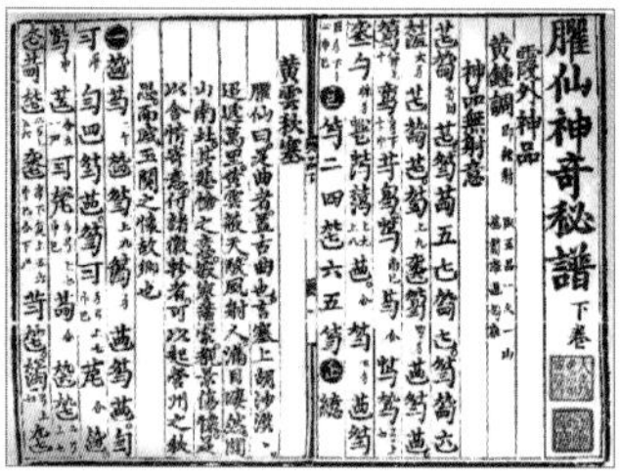

중국(Guqin(구친) 악보)

▲ 그림 2-53

현대식 악보

▲ 그림 2-54

사례를 하나 더 들어보자.

레오나르도 다 빈치, 노벨상 수상자와 같은 천재들의 특징 중 하나는 그림을 그린다는 것이다. 범인과 다른 점은 머릿속에서 이미 어느 정도 설계가 되어 그림으로 나타나므로 시간과 정력을 아낄 수 있다는 점이라 생각한다. 2014년 11월 국립과천과학관에서 열린 '스케치 오브 사이언스'를 본 사람들은 쉽게 이해가 갈 것이다. 아래 사진은 1996년 풀러렌(fullerene)을 발명한 공로로 화학상을 받은 헤럴드 크로토 박사가 그린 탄소 C60 분자를 축구공으로 비유한 모습이다. 이 밖에도 많은 사진이 있으므로 참조하기 바란다.

출처:
http://hellodd.com
KISTEP

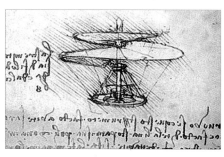

▲ 그림 2-55

▲ 그림 2-56

도식, 아이콘 모으고 활용하기

종이에 몇 개의 네모, 원 및 직선을 이용하여 개념을 정리하고 난 후에도 무엇인가 아쉽고 허전함을 느낄 것이다.

이 박스가 무엇이지? PC인가, 서버인가? 유선 네트워크인가, 아니면 무선망으로 인터페이스해야 하는 것인가?

이럴 때를 대비하여 평상시에 아이콘, 조각 그림 그리고 도식들을 모아두면 요긴하게 사용할 수 있다.

필자는 약 10년 전부터 파워포인트에 각종 아이콘, 조각 그림 등을 모아둔 파일을 PC의 루트 파일에 넣어두고 수시로 사용하고 있다. 물론 수시로 업데이트도 하면서 말이다.

갑자기 보고서나 기술 영업 자료가 필요할 때 1시간 정도 머릿속에서 구상한 후 모아둔 자료를 배치하고 도식을 이용하여 설명하면 순식간에 기본 설계가 완료되는 것이다. 몇 가지 예를 들어보자.

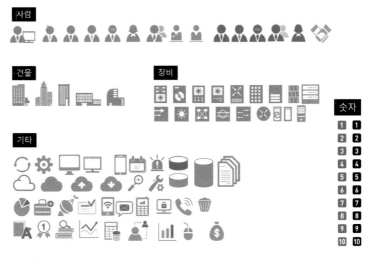

▲ 그림 2-57

이 아이콘 모음은 23MB 파일의 일부이다. 업무를 하면서 인터넷에서 확보하거나 다른 사람이 만든 자료에서 재활용할 만한 아이콘들을 모아 놓았다. 물론 저작권 문제가 있을 수 있으므로 주의하는 것이 좋다. 가능하면 무료 아이콘을 모아두는 것이 좋을 것이다.

https://www.iconfinder.com이나 http://vecteezy.com을 참조하기 바란다.

또 다른 창고는 시스템 설계를 위한 조각 그림 모음이다. 아래 그림과 같이 시스템 설계를 위해 도로, 건물, 유무선 통신 설비, IT 설비 등 다양한 조각그림이 필요하다. 이 파일도 약 10년간 모아오고 있는데, 약 50MB 정도 크기가 된다. 이러한 조각 모음은 시스템이 계속 변화되고 새로운 시스템들이 출현하게 되면서 수시로 업데이트해야 한다.

▲ 그림 2-58

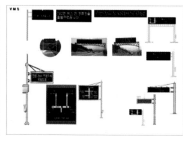

▲ 그림 2-59

그리고 시스템을 설계할 때 다이어그래밍을 통해 그림을 그린 후, 적절하게 설명하기 위해 도식 모형이 필요하다. 도식 모형은 장황한 글로 설명하는 것이 아니라 핵심 단어들을 사용하여 간략하게 요약하는 도구이다.
하나의 흐름, 즉 스토리라인을 한눈에 알아보기에 편리하게 만들고, 특히 자연스럽게 설명하기에 편리한 도구이다.

도식 모형을 선정할 때, 번역을 고려하자. 한글이 한 줄이면 영어는 1.5 줄, 스페인어는 2줄, 프랑스어는 2줄 이상이 필요하다.

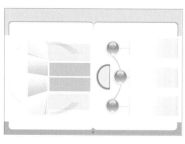

▲ 그림 2-60

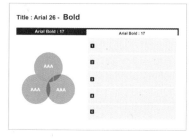

▲ 그림 2-61

너무 빨간색이다.
정말 눈이 피곤하다는 평이다.

▲ 그림 2-62

여기에서 두 가지 슬라이드의 차이점이 보이는가. 약 2010년도까지는 슬라이드 장표에 약간 화려한 데커레이션을 넣은 것에 반해, 근래에는 간결한 도식을 주로 사용해왔다.
또한 슬라이드의 주요 색상은 가능한 소속 회사의 고유 색상을 따르거나 고객이 선호하는 색상을 따르는 것이 좋다. 다만, 너무 화려한 색상을 사용하는 것은 효과가 반감되고, 상대방이 매우 불편해한다.

아이콘, 조각모음 편집하기

엔지니어라면 이 밖에도 각종 시스템과 관련된 장치의 그림(보통 그림은 jpg 와 gif 파일을 구분해서 보관할 필요가 있음), 동작 상태를 보여주는 동영상(플래 시 동영상 포함) 그리고 시중에 나와 있는 교재로부터 입수한 각종 예제 파 일 등을 모아두면 요긴하게 사용할 수 있다.

사진, 동영상을 파워포인트 자료에 삽입하는 방법은 시중에 나와 있는 책 들을 참조하기 바란다. 다만, 사진과 동영상을 슬라이드에 넣을 때 요긴한 팁을 몇 가지 소개한다.

이 팁들은 후배 젊은 사원들도 잘 모르고 있던 팁이며, 파워포인트의 많은 기능 중에 숨어 있는 보석들이다.

- **■ 인터넷에서 그림을 가져온 후 배경을 투명하게**
  1. 네이버, 구글의 이미지에 들어가 재사용 가능한 파일을 복사한다. 대부분 주변이 검은색(또는 흰색)이라 그대로 붙이기가 어렵다. 후배들은 포토샵 (photoshop) 프로그램을 이용해 수정한다고 하는데 그 시간이 만만치 않다.
  2. 빠른 실행 도구 모음 〉 모든 명령〉 투명한 색 설정을 추가한 후 메인 화면에 서 붓 모양 아이콘을 그림의 검은색 부분에 터치해보라. 투명으로 설정되어 어디에 갖다 붙여도 자연스럽게 된다.
  3. 작업한 아이콘들을 아이콘 창고에 저장한다.
- **■ 그림의 일부만 필요할 때**
  1. 네이버, 구글의 이미지에 들어가 재사용 가능한 파일을 복사한다. 이것도 포 토샵으로 들어가 수정한다고 하는데, 그 시간이 많이 걸린다.
  2. 빠른 실행 도구 모음 〉 모든 명령 〉 자르기 설정을 추가한 후 해당 그림을 클 릭하고 자르기 아이콘을 실행하면 좌측 그림의 가운데 모양이 될 것이다. 여 기서 원하는 만큼 잘라내면 된다.
  3. 이 아이콘도 창고에 저장한다.

이 밖에도 좋은 기능이 많다. 빠른 실행 도구 모음에 가서 한 번씩 실행해보고, 내게 필요한 도구들을 모아보자. 파워포인트 에 자신이 생길 것이다.

위의 두 가지 팁을 적절히 사용하면 파워포인트 작업의 생산성이 오르고, 특히 내가 직접 만든 것 같은 전문가다운 느낌이 들 것이다.

눈에 편한 색상 활용하기

▲ 그림 2-63
Precise Color
Communication
- Konica Minolta

http://www.wisegeek.org/

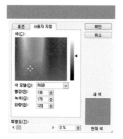

▲ 그림 2-64

필자가 학부 2학년 때 어린이 도서 외판원을 2개월 동안 경험하였다. 이때 선배가 교육한 마케팅 포인트는(물론 이때는 마케팅 개념이 없었지만) 컬러였다. 다른 회사의 교재에 비해 우리 교재는 어린이들의 눈에 피로가 덜 가는 색상을 사용했다는 점을 강조하라는 것이었다.

같은 붉은색이라도 우리는 과학적으로 눈이 덜 피로하도록 약간 흰색이 섞인 붉은색이라는 것이다. 비교해보니 공감이 갔다. 이때의 색깔 이론이 필자의 뇌리 속에 아직도 남아 있다.

그림과 같이 색깔에 대해 막연하게 표현하게 될 경우, 자료를 만들 때마다 또는 동료와 협업할 경우, 하나의 자료에서 서로 다른 색깔의 도식으로 표현된다면 얼마나 혼란스럽게 보일까?

왼쪽 그림과 같이 사과 하나를 두고도 4명에게 물어보면 표현하는 방법이 서로 다를 것이다. 대표적으로 빨간색(Red), 불타는 적색(Burning Red), 밝은 적색(Bright Red), 진홍색(crimson) 등으로 표현될 것이다.

더욱이 우리나라 한글은 더욱 다양한 색깔을 표현할 수 있으므로 종종 혼선을 불러일으킨다. 그만큼 색깔에 대한 호칭은 매우 어려운 문제이다.

이러한 이유로 색깔(Color)에 대한 많은 이론과 실험 결과들이 학문적으로 연구되고, 마케팅이나 건축, 모바일 기기, 웹 디자인, 병원의 실내 디자인 등에 다양하게 적용되고 있다. 그만큼 색깔이 인간의 감성에 많은 영향을 미친다는 것을 알 수 있다.

디자이너, 심리학자, 광고 전문가들은 청색(Blue)과 녹색(Green)이 인간에게 감성적으로 편안하고 균형감을 갖게 하는 색깔이라는 데 대부분 동의한다고 한다. 특히, 세이지 그린(Sage Green)이라는 색상이 감성적으로 편안함을 주는 색상으로 병원, 검사실, TV 방송국 등에서 많이 사용한다고 한다. 이 색깔을 RGB 컬러 코드로 변환하면 R136, G179, B120(Hexa 코드는 #88b378)이다. 왼쪽 그림과 같이 PPT의 도형 채우기에서 색을 '사용자 지정' 기능의 RGB의 숫자로 입력하면 해당 색깔을 만들 수 있다. 이러한 형태로 색깔을 코드화하는 컬러 코드는 색상을 객관적으로 정의하는 기준 체계로 표준화되어 있으며, RGB 외에도 HSL, Pantone, Hexa code 등 다양한 기준이 있다.

대개 자료를 만들 때는 RGB 코드, 인쇄나 페인팅을 할 경우에는 Pantone 코드를 많이 사용했다.

컬러 코드의 사용 예를 들어보자.
대부분의 회사들은 각자 고유의 CI(Cooperate Identity)를 갖고 각종 자료에 이러한 CI에 맞는 컬러를 메인 컬러(main Color)로 사용한다. 아래 그림과 같이 삼성과 연세대학교는 청색 계통, LG와 고려대학교는 적색 계통을 사용하고 있다(개인적인 의견으로 보면, 같은 컬러를 사용하는 회사와 학교의 분위기도 비슷한 것 같다).
학교 또는 회사의 홈페이지도 각자의 CI와 비슷한 색깔을 주로 사용하다 보니 전반적으로 청색 또는 적색 계통의 색상을 보여주고 있는 것을 알 수 있다.
물론 이러한 CI에 따라 각 사의 발표 자료도 비슷한 톤, 즉 삼성은 전반적으로 청색 계통의 템플릿을 사용하고 있는 것을 알 수 있다. 물론 필자도 삼성에 오래 있다 보니 이 책도 전반적으로 청색을 많이 사용하게 되는 것 같다.
그러나 청색이든, 적색이든 발표 자료 등에 과다하게 사용할 경우, 너무 현란해지고 결국 제삼자에게 시각적인 피로감과 함께 짜증을 나게 만드는 역효과가 있다.
왼쪽의 그림을 참조하기 바란다.

▲ 그림 2-65

삼성
Pantone 286C

LG
Pantone 207C

연세대학교
Pantone 281C

고려대학교
Pantone 202C

▲ 그림 2-66

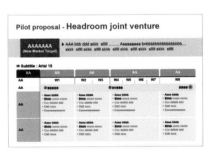

▲ 그림 2-67

▲ 그림 2-68

▲ 그림 2-69

▲ 그림 2-70

▲ 그림 2-71

색이 주는 느낌
- 빨강: 흥분, 정열, 다이내믹
- 파랑: 신뢰, 편안함 자신감
- 녹색: 편안함, 안식, 생명력
- 노랑: 희망, 광명, 유쾌

자, 기본적인 색깔에 대한 기준이 정해져 있다고 하더라도 한 번 더 생각해보자. 색깔에는 각 분위기가 있다. 프레젠테이션의 경우 고객의 CI, 발표할 장소, 계절에 따라 색상이나 배색 관계가 변경될 수 있다.

이러한 색상의 선택은 고객 중심적으로 디자인하는 것이 기본이다. 색상을 선택하는 조건에는 세 가지 속성이 있다.

- 밝고 어두움을 나타내는 명도(Value, Lightness)
- 색들의 선명하고 고운 정도를 나타내는 채도(Chroma)
- 빨강, 노랑, 파랑 등으로 구분되는 색을 나타내는 색상(Hue)

생각을 그릴 때 필요한 사항으로 명도와 채도를 강조하고자 한다.

좀 더 풀어서 설명한다면, 명도가 높을수록 색은 밝고 가벼운 느낌이 들고, 명도가 낮을수록 어둡고 무거운 느낌이 든다. 프린터로 출력할 경우 흰색부터 회색 그리고 완전 검은색으로 나타날 것이다. 다이어그램을 그릴 때 도식의 내부 색상 또는 외곽선을 어떠한 색상을 선택할 것인가?

또한 채도가 높다는 것은 색의 순도가 높고 선명하다는 말이다. 이와 반대로 채도가 낮다는 것은 회색 성분이 많아 색의 순도가 낮아 탁하게 보인다. 채도가 높은 색은 화려하고 눈에 잘 띄는 반면, 채도가 낮은 색은 수수하고 눈에 잘 띄지 않는다.

어떤 수준의 명도 또는 채도를 선택하느냐는 엔지니어의 성격, 습관, 상부의 지시 등에 좌우될 수 있다. 그러면 그림을 그릴 때 명도와 채도가 구체적으로 어떠한 영향을 미치는지 살펴보자.

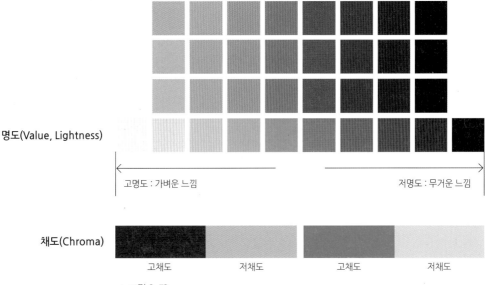

명도(Value, Lightness)

고명도 : 가벼운 느낌　　　　　　　　　저명도 : 무거운 느낌

채도(Chroma)

고채도　　　　저채도　　　　고채도　　　　저채도

▲ 그림 2-72

색상을 실전에 적용하기

첫째, 채도의 차이를 들어보자. 여러분이 평가 위원 또는 독자라면 어떤 색깔이 눈에 편하게 다가오는지 아래 두 종류의 그림을 비교해보기 바란다. 다음은 전문가 의견이다.

- 우측 그림의 구간을 표시하는 적색은 너무 짙으므로(높은 채도) 너무 도드라진다. 눈이 약간 피곤해진다.
- 흰색 바탕에 적색, 갈색, 흑색 글씨 등을 표시하는 것보다 약한 베이지색 바탕(낮은 명도)에 적색 점선과 옅은 적색(낮은 채도)으로 표시한 것이 눈에 편해 보인다.

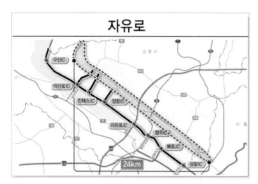

▲ 그림 2-73

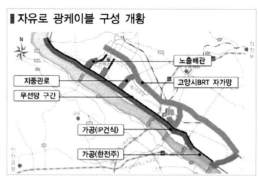

▲ 그림 2-74

다음으로 명도에 의한 출력물의 영향을 살펴보자.

길게 설명하지 않아도 직관적으로 어떠한 문제가 있는지 알 수 있을 것이다. 높은 명도와 채도의 색깔은 흑백에서도 그대로 높은 명도를 나타낸다. 직선, 각종 아이콘, 백그라운드 등 전체적인 색깔을 약간 흐릿하게 만들면 흑백으로 출력해도 부드러운 톤을 띠게 되어 한결 눈이 편안하다.

처음부터 흑백 프린터로 출력할 경우에 대비하여 중간 명도와 채도를 적용하는 것이 효과적이다.

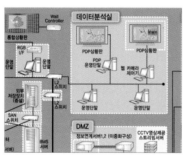

▲ 그림 2-75

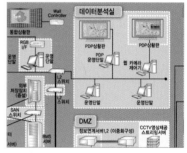

▲ 그림 2-76

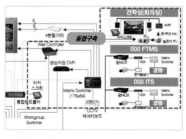

▲ 그림 2-77

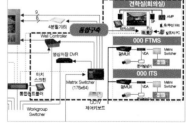

▲ 그림 2-78

검정 바탕에 효과적인 색상

PPT 자료를 만들 때 배경 화면을 흰색으로 할 것인지, 검은색으로 할 것인지를 고민하는 경우가 많다. 시중 서점에 많은 좋은 자료들이 나와 있으므로 참조하기 바라며, 여기에서는 필자와 전문가들이 경험한 사례를 설명하고자 한다.

우선 흰색도 색이다. 많은 사람들이 흰색과 여백이 많으면 성의가 없다고 생각하던 적이 있었다. 그러나 최근에는 오히려 흰색과 여백이 많으면 시원하게 느끼는 경향이 있다. 우리나라 전통 회화에서 '여백의 미'를 강조하는 것처럼 해외에서도 이러한 경향이 많다.

그런데 청중 또는 독자의 입장에서 관심을 집중시키기 위해 색상을 사용하는 것이 효과적일 경우가 많다. 특히, 프레젠테이션의 경우 주로 검은색 바탕에 흰색 또는 원색 텍스트를 사용하는 경우가 있는데, 이때 몇 가지 주의할 점이 있다.

첫째, 무대가 충분히 어둡지 않다면 검은색을 사용하지 않는 것이 좋다.
발표장 전체적으로 또는 무대 상단에 약한 조명이 있을 경우, 오히려 화면이 흐려지는 현상이 생긴다. 이를 극복하는 방안은 무엇일까?
반드시 사전 현장 답사를 통해 조명 상태를 확인하고, 밝은 곳이면 아예 백색 바탕화면을 사용하기 바란다. 그래도 검정 바탕을 사용하고 싶다면 짙은 청색(곤색) 바탕을 사용하는 것이 좋다.

둘째, 너무 현란한 색상은 사용하지 않기를 바란다.
예를 들어, 빨간색 바탕에 노란색 텍스트는 시선을 끌어들여 주목도는 높아질 수 있으나, 눈의 피로도가 매우 높다는 문제가 있다.
PPT를 이용해서 사용할 수 있는 색상이 약 80만 가지가 되는데, 많은 컨설턴트들은 이 중 79만 9,994개는 버리라는 훈련을 받는다고 한다. 나머지 6개의 색상은 검은색, 노란색, 파란색, 빨간색, 녹색 그리고 흰색이며 이 6개의 색상만을 가지고 충분히 의도를 전달할 수 있다고 한다.

다만, 이러한 6개의 색상도 앞에서 설명한 바와 같이 명도와 채도가 혼합되어 많은 종류의 색상으로 표현된다.
여기에서는 필자의 경험상 효과적으로 사용한 색상에 대해 설명한다.

▲ 그림 2-79
(출처: http://zencom.tistory.com/20)

필자가 자주 접한 조달청 회의실의 경우. 여름 오후에는 태양이 창문을 직접 바라본다. 따라서 커튼을 쳐도 제법 밝은 상황이므로 짙은 청색 바탕을 사용하여 효과를 보았다. 위의 숫자는 R, G, B 값이다.
(출처: CEO를 감동시키는 프리젠테이션의 비밀. 박혁종)

스티브 잡스의 프레젠테이션은 대부분 검정 바탕에 약간의 청색이 가미된 하단부 그러데이션을 사용하는 것을 알 수 있다.

그는 화면을 숫자와 아주 간단한 텍스트 그리고 제품 사진을 이용하여 단순하게 표시함으로써 청중의 관심도를 집중시킬 뿐만 아니라 발표자에게 더욱 집중하도록 만들고 있다. 이러한 단순한 슬라이드를 자연스럽게 발표하기 위해서는 엄청난 리허설이 필요하다.

▲ 그림 2-80

옅은 청색의 그러데이션

그러나 대부분의 엔지니어들, 특히 한국의 엔지니어들은 어쩔 수 없이 슬라이드 안에 텍스트를 적지 않게 삽입하여 발표해야 하는 경우가 많은 실정이다. 이러한 경우에 같은 값이면 흰색 하나보다는 핵심이 되는 색상의 텍스트를 적절히 이용하는 것이 효과적이다. 앞에서 설명한 핵심 여섯 가지 색상, 그중에서도 빨간색, 파란색, 녹색 그리고 노란색의 기준 값을 알아보기로 하자.

아래 그림의 검은색 또는 짙은 청색 바탕에서 빨강, 파랑, 녹색 그리고 노란색에 대한 RGB 값을 표시하였다. PPT의 글꼴 색, 선 또는 도형 채우기 모드에서 각각 RGB 값을 조정하면 된다. 물론 이 값들은 절대적인 것이 아니라 프로젝터의 성능, 발표장 조명의 상태, 고객의 선호 색상 등을 고려하여 조정하면 된다.

다시 한 번 강조하고 싶은 사항은 반드시 사전 현장 답사를 통해 반드시 시험해보라는 것이다.

▲ 그림 2-81

3등분 법칙 활용하기

Rule of thirds

▲ 그림 2-82

출처:
https://en.wikipedia.org/wiki/
Rule_of_thirds

The Rule of Thirds by
Fitzgerald Anne

사진 전문가들의 촬영 기법 중 '3등분 법칙(Rule of Thirds)'이 있다. 뷰파인더(view finder) 또는 LCD 디스플레이의 화면에 가상으로 수직, 수평면을 각각 2개의 선(Line)을 그리면 전체적으로 9개의 격자 면으로 구분된다. 사진 전문가들은 이러한 가상의 선을 기준으로 강조하고자 하는 피사체를 배치한다고 한다.

즉, 가상의 선들의 교차점에 피사체가 오도록 앵글을 잡는데, 이때 사진은 그냥 찍을 때보다 좀 더 균형이 잡혀 보이고, 사진을 보는 사람들로 하여금 자연스럽게 보이도록 하는 효과가 있다고 한다.

실제 연구 조사에 따르면, 사진을 보는 사람들은 사진의 정면보다는 가상의 선의 교차점(Intersection) 부분에 시선이 집중된다고 한다. 즉, 강조하고 싶은 피사체를 교차점에 오도록 배치하면 더 자연스럽고 효과적으로 피사체를 강조할 수 있다.

중앙 법칙(Central Focus)
▲ 그림 2-83

3등분 법칙(Rule of Thirds)
▲ 그림 2-84

세로로 배치할 경우도 동일한
법칙을 적용한다.

▲ 그림 2-85

참조로 3등분 법칙을 따른 사진을 몇 장 참조해보자. 비전문가가 보기에
도 안정되고 비균형(Asymmetrical)적인 배치가 오히려 균형이 잡혀 보이는
것을 알 수 있다.

▲ 그림 2-86   ▲ 그림 2-87

▲ 그림 2-88   ▲ 그림 2-89

사진과 마찬가지로 하나의 필름 또는 슬라이드에 메시지를 전달한다는 관
점에서 보면, 이렇게 사진에서 사용하는 3등분의 법칙도 PPT에서 훌륭하
게 적용된다.

프레젠테이션에 적용한 사례를 보자.
편안하고 행복해 보이는 남녀 한 쌍을 화면 1/3 좌측에 배치하여 시선을
끈 다음에 전하고자 하는 핵심 메시지는 1/3우측 하단에 배치하여 자연스
러운 시선을 유도하고 있다. 왼쪽 슬라이드도 마찬가지이다.
PPT에서도 3등분 법칙을 적용해보자. 같은 도식, 그림, 사진을 어떻게 배
치하느냐에 따라 청중에게 제공하는 효과는 한층 높아질 것이다.

▲ 그림 2-90

▲ 그림 2-91

그런데 프레젠테이션의 왕이라는 스티브 잡스의 발표 자료를 보면 조금 다르다는 느낌을 받는 사람이 있을 것이다. 필자는 잡스가 매우 치밀한 심리전을 벌이는 것으로 파악한다. 잡스가 발표하는 슬라이드는 대부분 약 4~5m 높이의 대형 슬라이드 화면의 중앙 또는 약간 상단에 배치하는 것을 볼 수 있다. 시선을 잡아 끌 수밖에 없는 상황이다.

그런데 잡스의 움직임을 보면 많은 시간을 화면 좌 또는 우측에서 묘하게 균형을 흔드는 움직임을 볼 수 있었다. 이미 대형 화면에 의해 압도되어 있는 청중들이 혹시 지루해질 수 있는 순간에 약간의 비대칭을 보여주며 균형을 흔들고 있는 것으로 파악했다. 즉, 이 방법도 3등분의 법칙을 변형한 기법으로 생각된다.

▲ 그림 2-92

▲ 그림 2-93

기본적인 3등분의 법칙을 적용해서 청중을 편하게 주목시키고, 여기에 자연스러운 발표력(또는 연출력)이 더해진다면, 여러분도 훌륭한 발표자(Best Presenter)가 될 것으로 확신한다.

황금비의 법칙 활용하기

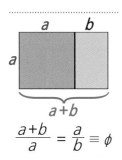

$$\frac{a+b}{a} = \frac{a}{b} \equiv \phi$$

▲ 그림 2–94

황금비(黃金比, Golden ratio) 또는 황금분할(黃金分割)은 주어진 길이를 가장 이상적으로 둘로 나누는 비로, 근사값이 약 1.618인 무리수이다. 프레젠테이션 분야에 있어서는 세로와 가로의 비율이 약 1:1.618인 사각형 모양을 표현한다.

물론 황금비의 속성이라 일컫는 조화로운 아름다움에 대한 수치적 근사 범위가 연구·결정되어 있지 않으므로, 알려진 황금비의 근사치들은 임의적이고 주관적이라고 보기도 한다.

그러나 대부분 PPT를 작성할 때 사용하는 도식에서 막연하게 박스를 그릴게 아니라, 가능하면 이러한 황금비율을 사용하는 것이 효과적이다.

필자의 경험으로 볼 때 하나의 장표 내부에 들어가는 사진, 표 등의 크기를 황금비에 맞추면 더 편하게 보이는 효과를 본 적이 많다. 공연히 황금비가 맞다, 틀리다 하는 논란에서 벗어나, 어차피 상대방에게 감동을 전하기 위한 슬라이드를 만들 것이라면 좋은 도구를 사용하지 않을 이유가 없지 않은가?

강조하고 싶은 부분은 다음과 같다.

많은 파워포인트 관련 책자들에 나오는 각종 팁들은 빨리 숙달해서 활용해야 할 것이다. 다만, 필자의 다양한 슬라이드 제작과 프레젠테이션 경험으로 미루어볼 때, 3등분 법칙과 황금비 법칙을 기본으로 깔고 슬라이드를 작성한다면, 그 효과가 향상될 것이라는 점을 강조하고자 한다.

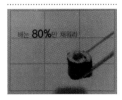

오래전 휴대폰으로 찍은 사진
이다. 개인적으로 매우 좋은 사
례지만, 이 사진의 출처는 확인
하지 못했다. 저작자의 양해를
바란다.

▲ 그림 2-95

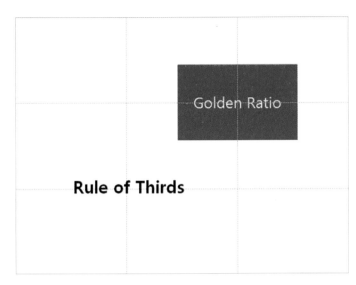

▲ 그림 2-96

Part 3

제안과 프레젠테이션

프로젝트와 프로젝트 관리하기

프로젝트(Project)
정해진 기간 동안 한정된 예산으로 제약 조건을 극복하여 실행해야 할 상호 연관된 업무들의 집합체

현실 사회에서는 다양한 프로젝트가 진행되고 있다. 심지어 우리가 살아가는 동안 부딪히는 행위들도 모두 프로젝트라고 할 수 있다. 특히, 이공학도 또는 엔지니어들이 현실에서 학부를 졸업하고 진출하게 되는 학교, 연구소 또는 기업들 수행하게 될 주요 업무 중 하나이다. 프로젝트를 잘 수행해야만 매출이 올라가고, 이윤을 남길 수 있으며, 운영할 수 있고 이로써 우리가 살아갈 수 있다.

이 책의 주요 부분에 프로젝트를 포함한 이유는 다음과 같다.

프로젝트는 고객 또는 발주처의 요구사항에 적합한 시스템을 설계, 제작하여 공급해주는 하나의 계약 행위이다. 일정 예산, 사업 기간 내에 정해진 품질을 갖춘 시스템을 고객이 원하는 장소에 설치하고 운영할 수 있도록 해주면, 이익을 포함해서 그동안 사용한 비용을 돌려받는다. 만약, 예정된 기간을 맞추지 못하거나 약속한 품질 수준을 맞추지 못할 경우에는 계약 불이행으로 간주

되어 많은 문제가 발생한다.

일반적으로 프로젝트는 하나의 커다란 시스템이라 볼 수 있다. 이에는 다양하고 작은 서브 시스템들이 모여 있고, 각 서브 시스템들은 상호작용을 하고 있다. 시스템을 설계하는 초기 단계부터 충분한 검토를 하지 않으면 또 다른 문제가 발생한다. 따라서 프로젝트가 어떻게 진행되고 관리되는 것인지를 이해하면 시스템 설계 능력이 향상될 것이다.

여기에서는 프로젝트를 구성하는 시스템을 설계(제안)하고, 표현(프레젠테이션)하는 데 있어서 다이어그램을 어떻게 적용하는 것이 효과적인지 알기 위해 실무 사례를 제시한다. 많은 도움이 되기 바란다.

프로젝트란?

일반적으로 프로젝트가 형성되는 과정은 다음과 같다.

발주처(공공 기관, 민간 기업 등)에서 어떠한 시스템을 구축할 필요성이 생기면 예산을 수립하고 사업 발주를 위한 제안 요청서(RFP)를 공개한다.

일반 기업에서는 이러한 사업 기회를 포착하고 사업 전략을 수립하는 등 영업 활동에 착수한다. 영업 활동을 할 때는 발주 기준에 맞추어 제안서와 원가를 수립한 후 입찰에 참여한다. 필자가 주로 경험한 계약 방식은 다음과 같다.

- 2단계 경쟁 입찰 방식: 기술 평가 통과 업체 대상 최저가 입찰
- 협상에 의한 방식: 기술 : 가격 = 80% : 20% (예) 설계 금액 내 가격 협상
- 적격 심사 낙찰제: PQ, 자격(실적, 면허) 보유 업체 대상 입찰, 가격+기술

PQ(Pre–Qualification)
대형 공사에 참여할 만한 자격 (재무 상태, 기술 수준, 시공실적 등)이 있는지를 심사하는 제도

공공 사업의 경우, 조달청 평가를 통해 업체를 선정하는데, 여기에는 제안서 내용을 15~20분 이내에 요약하여 설명하는 프레젠테이션이 필수적이다. 매우 피 말리는 절차이다. 이 부분은 별도로 설명할 예정이다.

운 좋게 수주 하였다면 실행하는 과정이 시작된다. 영업 단계에서 만들어진 계약서, 계약정보 및 프로젝트 정보를 갖고 기술과 현장 경험이 많은 PM(Project Manager), PL(Project Leader) 및 여러 중소 협력업체들이 참여하여 실행에 착수한다.

이 책에서는 독자의 편의를 위해 프로젝트 관리자를 'PM'으로 표기한다.

실행 과정은 기술 측면에서의 요구사항 정의부터 분석, 설계, 개발 및 구현의 과정을 거쳐 프로젝트 종료에 이르기까지 진행된다.

이러한 과정을 그림으로 표현하면 다음과 같다.

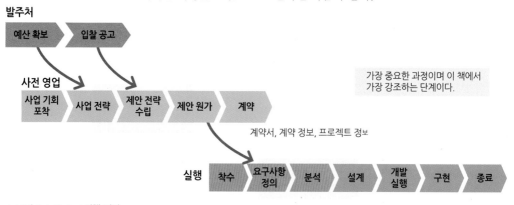

▲ 그림 3-1 Project 진행 절차

계약 실무

채권, 채무의 발생을 목적으로 하는 계약은 당사자의 합의에 따라 체결하고, 신의와 성실의 원칙에 따라 이행해야 한다. 이러한 계약은 자의적인 행위를 제한하기 위하여 정부 계산 회계법, 관련 규정 등을 통해 계약 업무의 기준을 제시하고 있다.

따라서 갑이든, 을이든 계약 업무를 충분히 이해하여 정당한 예산의 집행, 적정 예산에 부합되는 좋은 품질로, 고객 만족을 이루어내는 엔지니어가 되자.

계약 업무 집행 절차

▲ 그림 3-2

계약의 종류

일반 경쟁 입찰

- 신문 또는 게시를 통해 희망자를 모집하여 경쟁시킨 후 업체 선정
- 기회 균등과 공정성 측면에는 좋으나 덤핑, 부실 계약의 우려가 있음.

앞에 설명한 2단계 경쟁 방식, 협상에 의한 방식이 이에 포함된다.

제한 경쟁 입찰

- 실적, 도급 한도액, 기술 보유 상황 등 기준으로 입찰자격을 제한
- 종종 지역 제한을 두는 경우도 있음.

앞에서 설명한 적격심사 낙찰제이다.

지명 경쟁 입찰

- 능력, 신용 수준 등 목적 수행에 적합한 특정 다수의 업체를 지명하여 입찰
- 계약 이행이 확실하나, 특혜 또는 담합의 우려가 있음.

수의계약

- 특정 기술, 비밀 보장 등 필요 시 특정인을 상대로 계약을 체결
- 계약 이행이 확실하나, 공평성 저해 및 부조리 요인 발생 우려가 있음.

계약의 진행

발주 및 입찰 공고, 예가(예정 가격) 결정

- 발주처에서는 구매 요구서(기능, 수량 등), 예산, 사업 기간 등 관련 사항을 확정한 후에 관보, 일간 신문 등에 공고한다.
- 예정가격은 거래 실적 가격, 통제 가격, 원가 계산 방법 등을 토대로 결정하고, 입찰 직전에 작성하여 누설되지 않도록 한다.

입찰 진행

- 입찰 참가 회사는 입찰 유의서, 계약 일반 조건, 계약 특수 조건, 설계서 등을 숙지하고 입찰에 참여한다.

낙찰자 결정

- 세수입의 경우, 예가 이상의 최고 입찰자, 지출 사업의 경우 예가 이하의 최저 입찰자를 낙찰자로 결정한다.

- 최저 가격의 경우 제한선을 두고 정한다(예: 예가의 85% 이상으로 입찰한 자 중 최저가 입찰자를 선정).
- SI 사업의 경우, 일반적으로 최저가 입찰이 기본으로, 제안서와 프레젠테이션을 통해 기술(정성적)과 입찰 가격(정량적, 사업 실적 보유 기술 인력 등 포함) 평가를 통한 점수로 선정한다.

무작정 최저가 제시 업체를 선정하지 않고 기술 : 가격의 비율을 조정한다. 예를 들면, 기술 : 가격 = 70 : 30의 경우, 입찰 금액을 낮추면, 제안서와 프레젠테이션, 즉 정성적 평가가 아무리 좋더라도 수주하기 어렵다. 따라서 이러한 문제점을 개선하기 위해 80 : 20 또는 90 : 10으로 조정한다.

제안서와 프레젠테이션에서 좋은 평가를 받기 위한 노력은 매우 중요하다. 이것이 이 책의 목적이다.

계약 체결
- 계약서에는 계약의 목적, 계약 금액, 이행 기간, 계약 보증금, 지체상금 등을 기재하고 기명 날인을 확인한다.

검사, 검수 및 대가 지급
- 대가 대금은 선급금, 기성급, 완성급으로 구분하여 지불하며, 각 단계는 계약서, 시방서 및 설계서를 기준으로 한다.

하자 관리
- 계약 완료 이후에 하자가 발생할 경우에 대비하여 하자 보증금을 예치하고, 계약자가 대응하지 않을 경우에는 하자 보증 보험을 통해 직접 조치할 수 있다.

프로젝트의 특징

공식, 비공식적인 프로젝트의 특징은 다음과 같다.
- Specific objective : 사전에 목표가 정해짐.
- Limited resources : 사람, 돈, 장비 등 제한된 자원으로 수행
- Definite schedule : 시작과 끝이 정해져 있음.
- Sequencing   : 단계와 절차의 연속
- Uniqueness   : 매번 새로운 업무(종종 반복되는 경우도 있음.)
- Conflict   : 필연적으로 생김.

그동안 많은 프로젝트의 수행 결과를 모아보면(물론 다른 PM들의 경험을 포함), 실패하는 프로젝트들에는 다음과 같은 공통점이 있다.
- 요구사항 분석의 오류: 정확한 요구사항을 고객도 모르고, PM도 모른다.
- 고객의 지나친 기대, 조기 완료 요구(특히, 우리나라의 경우)
- 요구사항의 끊임없는 변경
- 인간적인 문제(발주처, 감리, 시공사, 하도급 사, 민원인 등)
- 프로젝트 기간 동안 비즈니스 환경의 변화(주로 조직적인 문제)
- 기술 수준의 문제(기술 숙련도, 기술사항의 이해도 미흡)
- 비상 대책 방안의 부족(Mentor, Contingency plan, 임기응변 필요)
- 프로젝트 이슈 사항의 엇갈린 이해 수준 : 고객은 비관적, PM은 낙관적으로 평가하는 경향이 있다.

왜 이러한 현상이 발생하는 것일까?

프로젝트에는 다양한 객체(Object)가 모여 있다. 사람, 기술, 환경에 감성적인 사항까지 얽혀 있으므로 어느 한 요소가 틀어지면 그 파급 효과는 예측하기 어렵다. 그러나 이러한 요소에 대한 파급도를 줄이기 위해 가능한 한 하나라도 변수를 줄이는 노력이 필요하다면 그것은 기술이라 생각한다.

기술은 정직하다. 원인 없는 결과는 없다. 그렇다면 어떤 원인, 아니 그 원인 이전에 생길 수 있는 근본 원인을 찾아낼 수 있다면 고민거리가 대폭 줄어들 것이다. 아직 구체화되지 않은 시스템에서 어떻게 문제를 예측하고 찾아낼 수 있을까?

비록 기술 경험이 적은 독자라도 예상되는 시스템을 먼저 그림으로 그려서 생각해보자. 또 그런 습관을 만들어 보자. 이것이 이 책의 의도이다.

프로젝트는 어떻게 관리할까?

PMBOK
Project Management Body of Knowledge http://www.pmi.org/

Project management is the application of knowledge, skills, tools, and techniques to project activities in order to meet or exceed stakeholder needs and expectations from a project.
– PMBOK

▲ 그림 3-3

PMBOK는 프로젝트 관리를 '회사에서 수행한 SOC 분야의 SI 사업 경험을 토대로 고객이 요구하는 정보 시스템을 고객이 만족할 만한 품질 수준으로 납품하기 위하여 주어진 기간과 예산 아래에서 인력, 시간, 자원 및 ICT 기술 등을 효과적, 효율적, 안정적으로 통합하고 통제하는 제반 업무 활동'이라 정의하고 있다.

일반적으로 프로젝트 관리의 목표는 크게 세 가지로 본다.
• 공정 관리를 통한 납기 준수
• 원가 관리를 통한 예산 준수
• 품질 관리를 통한 고객 만족

또한 이러한 목표를 달성하기 위해 적용하는 관리 요소는 다음과 같은 10개 항목을 기본으로 한다. 또한 이러한 관리 요소는 프로젝트 관리 전체 과정에 공통적으로 적용한다. PMBOK에서는 관리 과정을 5단계로 구분한다.
1. 착수(Initiating) 단계
2. 계획(Planning) 단계
3. 실행(Executing) 단계
4. 모니터링 및 통제(Monitoring and Controlling) 단계
5. 종료(Closing) 단계
일반 기업에서는 이러한 단계와 유사하게 약간 조정하여 프로세스를 만들어 사용하고 있다. 세부사항은 www.pmi.org를 참조하기 바란다.

PMBOK의 열 가지 관리 지식

관리 지식	관리 지식 내용
1. Integration	전체 프로젝트 관리 요소를 정의, 통합, 조정
2. Scope	업무/기술 요구사항 정의, 산출물 식별
3. Time	적합한 공정 구조 정의 및 기간 추정(전후 관계 파악 및 Critical Path 도출)
4. Cost	자원의 식별 및 원가 추정, 각 업무별 원가의 할당 등
5. Quality	품질 보증 목표의 설정, 활동의 정의
6. Human Resources	조직 구성, 충원 계획, 팀워크 및 전문 능력 계발
7. Communication	필요 정보 및 요구 시기 파악, 가공, 배포 등
8. Risk	위기 관리를 위한 계획, 식별, 분석, 대응 방안 수립
9. Procurement	제품, 서비스의 확보 계획, Make or buy 의사 결정
10. stakeholders	영향을 주는 사람과 조직의 식별, 분석, 효과적인 참여 전략 수립

열 가지 관리 지식 중 두 가지만 예를 들어보자.

첫 번째 범위 관리는 업무와 기술 측면의 요구사항을 정의하고 산출물 및 범위를 식별하는 과정이다. 신규 사업이나 턴키 사업의 경우, 업무 범위가 불확실하거나 요구사항이 자주 변경되는 경우가 많으므로, 일정이나 원가를 맞추기 위해서는 업무의 범위를 명확히 할 필요가 있다. 범위 관리의 목적에는 크게 세 가지가 있다.

WBS
작업 명세 구조(Work break down Sructure)로 프로젝트의 전체 범위(Scope)를 세부 작업단위(Activity)로 구분하여 계층 구조(Family Tree)로 정의한 체계

1. 업무 범위의 명확한 정의
업무 범위는 전체 일정 및 원가를 추정하기 위한 전제 조건으로서 업무를 세부적인 WBS로 분해하고, 각 WBS별로 책임자를 지정한다. 이를 통해 일정, 예산 및 품질을 추적할 수 있다.

2. 프로젝트를 관리하는 베이스라인(Baseline)으로 활용
프로젝트 수행 조직의 책임과 역할을 정의할 수 있다.

3. 요구사항의 통제
납기 지연, 품질 저하 및 원가 초과에 영향을 미치는 요소를 통제할 수 있으며, 프로젝트의 종료 기준을 명확히 할 수 있다.

여기에서 강조하고 싶은 것은 WBS를 통해 내가 수행하고 있는 업무를 체계적으로 분류함으로써 범위를 명확히 할 필요가 있다는 것이다. 예를 들면, 아래 그림과 같이 집을 지을 때 기초 공사, 건축, 인테리어 및 조경 등 업무 범위를 체계적으로 구분하고 그림(도식)으로 만드는 것이다.
이를 통해 상호 업무의 연관성을 확인하여 일정을 관리할 수 있으며, 따라서 불필요한 비용이 생기는 것을 방지할 수 있다. WBS를 이용하여 전체적인 일정 관리 계획을 세울 수 있다.
WBS는 혼자 만드는 것이 아니라 프로젝트의 참여자가 공동으로 만들고 공유하여 공통된 관리 툴로 활용해야 한다.

그림 출처:
www.pmexamsmartnotse.com

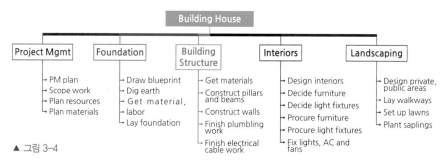

▲ 그림 3-4

다음 관리 지식은 프로젝트 일정 관리 분야이다.

실제 현장에서 프로젝트를 수행할 경우에 겪는 문제 중 하나가 일정 관리이다. 프로젝트 초기 단계에서 범위 관리를 통한 세부 업무를 기준으로 예측 가능한 위험 요인을 추가로 찾아내어 대응 방안을 수립한다.

1. 간트 차트(Gant Chart) 또는 바 차트(Bar Chart)

작업 계획과 실제의 작업량을 일(시간)의 관점으로 표시하여 계획과 통제 기능을 동시에 수행할 수 있도록 설계된 막대 도표이다.

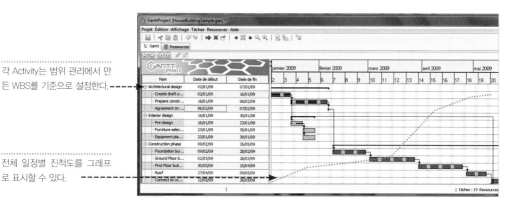

각 Activity는 범위 관리에서 만든 WBS를 기준으로 설정한다.

전체 일정별 진척도를 그래프로 표시할 수 있다.

▲ 그림 3-5

PERT
프로그램(또는 프로젝트) 평가 및 검토 기술(Program/Project Evaluation and Review Technique)

CPM
Critical Path Method
크리티컬 경로 분석법

자주 사용하는 방법에는 PERT/CPM 방법론을 들 수 있다. PERT는 각 업무별로 연관성을 명확히 할 수 있도록 업무의 흐름을 도식으로 나타낸다. 시간 경과는 그래픽(Bar) 형태가 아니라 숫자로 표시하므로 한눈에 파악하기는 어렵지만 불확실성, 즉 프로젝트에 지연이나 영향을 미치는 요소를 표현하기가 쉽다.

이러한 Pert Chart에 Critical Path를 명확히 표시한 것이 CPM Chart이다. 여기서 'Critical'이라는 표현은 여러 가지로 설명할 수 있으나, 필자의 경험으로 볼 때 '차질이 생기면 전체 일정에 직접적인 영향을 미칠 수 있는 위험성이 가장 높은 업무의 일정'이라 표현할 수 있다.

예를 들면, 아래 Pert Chart에서 굵은 선으로 표현한 일정이 Critical Path이다. 이 부분이 지연되면 이 프로젝트 전체가 바로 지연될 수 있으므로 각별히 관리해야 한다.

각 노드는 Event를 나타내고
(1~8), 각 선과 숫자는 Activity
와 소요 일정, 굵은 선은 Critical
Path를 나타낸다.
즉, Critical Path를 기준으로 볼
때, 이 프로젝트는 총 17일이 소
요되며, 그중에 5~6의 일정은
각별히 관리해야 한다.

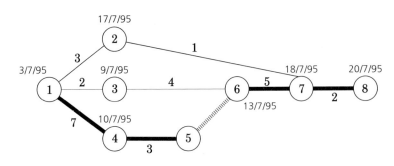

그림 출처: http://www.southa
mpton.ac.uk

▲ 그림 3-6

특히 골치 아픈 경우는 예측하기 어려운 상황이 생겨서 일정에 영향을 준다는 것이다. 예를 들면, 팀원이 갑자기 식중독에 걸려 수일 동안 일을 하지 못하거나 현장에 갑자기 VIP가 나타나 출입이 통제되는 경우, 꼼짝없이 일정이 지연된다. 이러한 경우를 사전에 예측할 수는 없겠지만, 프로젝트를 전체 통괄하는 책임자 입장에서는 플랜 B(Plan B)를 준비해야 한다. 대기업과 같은 큰 조직에서는 전문가를 대타로 투입할 수 있지만, 실제 대부분의 프로젝트에서는 어려운 경우가 많다.

일정을 수립할 경우, 항상 예비 일정을 만들어두자.

각 Activity에 하루 또는 1주일 정도를 살짝 심어두자. 물론 팀원들에게는 알려주지 않는 것이 좋지만, 1~2개 정도의 예비 일정은 공개하자. 팀원들은 약간의 여유가 있는 것으로 알고 심리적인 여유를 갖게 될 것이다.

그래도 일정이 지연될 경우는?

돌관 공사로 일정을 만회할 수밖에 없다. 돌관 공사란 발주처의 요구에 의해 일정을 단축하거나 시공사의 귀책 사유로 지연된 일정을 만회하기 위해 벌이는 작업으로, 인원을 추가로 투입하거나 야간에 공사를 강행하는 등 몇 가지 방법이 있다. 물론 예산 초과는 감수해야 한다.

어떤 경우든, 프로젝트 관리자는 발주처와 소속 회사의 경영진으로부터 상당한 질책을 받게 된다.

범위 관리와 일정 관리를 예로 든 것은 바로 이 때문이다.

많은 관리 요소들 중에 우리의 의지와 다르게 갑자기 생기는 위험 요소는 일정에 영향을 미치고, 이는 프로젝트의 품질과 원가에 영향을 미치게 된다.

일정 관리에 각별히 신경을 쓰고 항상 플랜 B 또는 예비 일정을 만들어두는 것이 가장 중요하다.

품질 관리, 인력 관리, 소통 관리 등은 계속 공부하고 경험하면서 개선될 것이다.

돌관 공사(突貫工事, Speedy
Work)
장비와 인원 등을 집중적으로
투입하여 예정 일정보다 단축
하여 수행하는 공사

절대 일정이 길어진 경우의 대책
일정을 수립했는데 고객의 요
구 기간보다 길 경우의 해결 방
법은 다음과 같다.

1. Crashing 기법의 적용
자원의 추가 투입 방법으로,
비용 초과 우려가 있으므로
Critical Path에 투입하는 것이
좋다.

2. Fast tracking
선후 관계를 조정하여 여러 개
의 업무를 수행함으로써 일정
을 단축하는 방법으로, 재작업
의 우려가 있다.

프로젝트 관리 방법론

앞에서 살펴본 프로젝트 실행 단계를 일반적으로 체계화한 모습은 아래 그림과 같다.

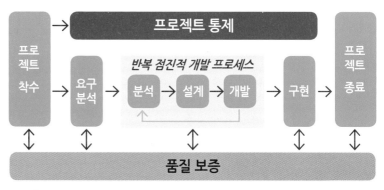

▲ 그림 3-7

하나의 프로젝트를 완수하기 위하여 프로젝트의 착수 이후에 실행하고 종료하는 전체 관리 단계에 걸쳐 각 작업을 통제하고 프로젝트 관련 기관과의 정보 공유를 원활하게 할 필요가 있다.

이러한 프로젝트 관리를 위해 주요 회사들은 각자의 프로젝트 관리 방법론과 이를 운용하기 위한 도구(Tool)를 보유하고 있다.

필자가 주로 수행한 SI 사업의 경우를 예로 들어보자. 국내 S사의 경우 개발 방법론인 IFSS 방법론과 프로젝트 관리를 위한 추가 기능을 MS-Project에 추가(Add-on)하여 개발한 통합 프로젝트 관리 도구인 i-PM을 주로 활용한다.

주요 기능으로는 진척 현황 자원 현황과 관련된 보고서의 생성, 조회 기능을 강화하고, 품질 비용의 관리, Best Practices 연계 제공 및 전사 관리 시스템과 연계하는 기능을 운영하고 있다.

또한 L사의 경우에는 프로젝트 방법론을 시스템으로 구현한 pms-F라는 관리 도구를 활용하여 고객과 현장, 현장과 센터 간의 실시간 의사소통을 지원한다. 주요 기능으로는 프로젝트 관리 전 단계의 자원, 일정, 위험관리 등 다양한 관리 기능을 지원하고 있으며, 온라인 및 오프라인으로 운영하면서 본사와 동기화 작업을 수행한다.

IFSS
Innovator for 6 Sigma

pms-F
Project Management System
for Field

프로젝트를 멋지게 완수하려면

프로젝트의 총 지휘자인 PM의 역할은 결코 쉽지 않다.

위험은 반드시 발생한다. 프로세스가 완벽하고, 모니터링을 철저히 하고 팀원을 아무리 잘 교육시키더라도 위험은 항상 존재한다. 일단 책임은 PM에게 있다. 물론 권한은 많지 않다(대개 본사 관리자가 갖고 있다).

이러한 상황에서 일을 풀어나가는 주체는 PM과 PL 그리고 팀원이다.

그럼에도 불구하고 프로젝트를 멋지게 완수하기 위해 PM에게 전하고 싶은 세 가지를 정리하면 다음과 같다.

1. PM 본인은

- **비관주의자(Pessimist)이어야 한다.**
  - : 쓸데없는 낙관론, 문제점에 대한 둔감은 실패를 자초한다. 그러나 가능한 긍정적인 마인드를 갖도록 한다. 이러한 마음가짐은 얼굴과 행동으로 나타난다.
  - : 예산, 일정은 항상 여유 있게, 비상시 대비 계획을 세운다.

- **인간에 대한 기본적인 이해를 하는 성숙한 사람이어야 한다.**
  - : 프로젝트 구성원의 이해관계를 아주 미세한 부분까지 이해한다.
  - : 조금이라도 좋은 면이 있으면 칭찬하려고 노력한다.
  - : 입장을 바꾸어 역지사지로 생각하는 습관을 들인다.

- **적을 만들지 않는다.**
  - : 쓸데없이 본사를 자주 방문하지 마라. 현장을 자주 비우지 마라. 오해하거나 음해하는 자가 반드시 있다.

2. 대외적으로는

- **Yes Man이 아니라 No Man이 되어라.**
  - : 디자인이 끝나고 구축 단계에 들어가면 사용자 요구사항을 Freeze한다.

- **PM과 발주자의 상대(Counterpart)와의 관계를 이해하라.**
  - : 프로젝트가 시작되면 결코 상하 관계가 아니라 동반자적인 관계이다.
  - : 발주자에게 각종 감사 대비 법적인 대안을 제시한다.

- **새로운 업무, 부업(Side Job), 간접 관리 업무 등에 신경 쓰지 말라.**
  - : 새로운 기회를 창출하는 가장 좋은 방법은 현재 수행하고 있는 프로젝트를 완벽하게 성공시키는 것이다.

3. 내부적으로는

- **제대로 된 프로젝트 팀을 구성한다.**
  - : 프로젝트는 사람이 하는 것이며, 사람이 성공의 핵심 열쇠이다.
  - : 엔지니어의 양보다 질이 중요하므로, 최적의 엔지니어(Best Engineer)를 확보하라.
  - : 통제할 수 없는 팀원은 하루 빨리 제외하라.
- **PM은 기술적인 문제점을 전반적으로 파악하고 있어야 한다.**
  - : 언어, 툴(Tool), 데이터베이스, 네트워크, 건축학, 웹(WEB) 등 전반적인 신기술 동향을 파악하고 있으면 문제점이나 고객의 요구에 대안을 제시할 수 있다.

- **프로젝트 미팅(Project meeting)을 효과적으로 활용한다.**
  - : 신속하고 핵심적인 사항만 이야기한다. 여기서 모든 문제를 해결하려고 생각해서는 안 된다.
  - : 팀원이 PM에게 보고하는 시간이 아니라 팀원이 전체 프로젝트를 이해하는 교육장이고, PM 자신이 팀원에게 믿음을 주는 기회이다.
  - : 수시로 대화를 통해 프로젝트를 파악하고, 프로젝트 상황에 대해 절대로 보고사항을 그대로 믿지 않는다.

추가로, 해외를 포함한 어떤 사업이든 술 문화가 중요하다. 알아두면 요긴한 팁 몇 가지를 소개한다.
- 아무리 술값이 없더라도 절대로 부정한 행위는 하지 않는다.
- 가능하면 고객의 단골 술집을 이용하라.
- 술이 과한 다음날 점심시간을 이용해 해장국을 같이 먹어 보자. 같이 술을 마시는 것보다 효과적이다.
- 진짜로 같이 술 마시기 싫은 고객이 있다면, 다시는 술 먹자는 이야기를 하지 않도록 왕창 먹이고 반쯤 뻗게 만들자.
- 술을 못 마신다고 절대로 고객과의 술자리를 회피하지 말되, 술을 마시기 어려우면 양해를 구하거나 적당히 뱉어 내자. 그러나 상대방과 비슷하게 취한 척은 해야 한다.

Section 02

사업의 시작, 제안 준비하기

기업 조직에서 프로젝트를 수행하기 위한 일반적인 조직 체계는 영업, 실행 및 관리 지원으로 구성된다.

실행은 제안, PT, 개발, 설치 공사 및 유지 관리의 기술적인 업무를 수행한다.

사업의 시작

영업 대표가 프로젝트 발주 정보를 파악하고 기술팀과 제안서 작성 및 PT를 통해 수주하면 기술팀이 시스템을 구축한다. 독자들이 접하게 될 대부분의 프로젝트는 관공서 발주의 경우 조달청을 통해 시작되고, 일반 기업의 경우 자체적으로 진행하게 된다.

일반적으로 업체를 선정하는 과정은 적격심사^{PQ, Pre Qualification} 방식, 협상에 의한 방식 및 턴키^{Turn-key} 방식으로 진행한다. 그러나 어떠한 경우든 고객^{발주처}이 적절한 사업자를 선정하기 위한 평가 방법으로서 제안서 작성과 PT가 필수적이다. 물론 사업 기회의 포착, 발주처로부터의 정보 입수와 평가 포인트의 파악을 위한 영업 대표의 사전 영업 활동도 매우 중요하다.

사업 프로세스						
마케팅	사전영업	제안, 견적, PT	계약	실행	유지관리

▲ 그림 3-8

이 프로세스를 보면 사업을 수주하기 위해서는 사전 영업을 통해 최대한의 정보를 입수한 후 이러한 정보를 반영하여 제안서를 작성해야 한다는 것을 알 수 있다. 그런데 제안서는 수백 페이지 분량의 책자이므로 쉽게 정성·정량적으로 평가하기가 어렵다.

따라서 제안서를 최대한 압축하여 평가 위원 앞에서 약 10~20분간의 PT를 통해 평가를 받게 된다. PT에서 경쟁사보다 비교우위에 설 경우, 계약 단계로 넘어가게 된다.

수주, 즉 사업 수주를 위한 핵심 요소 중에는 제안서와 평가 위원에게 확실하게 어필할 수 있는 PT도 포함된다는 것을 알 수 있다.

사업을 수주하기 위한 성공 요인에는 제안서와 프레젠테이션만 있는 것은 아니다. 그러나 떨어뜨리기 위한 치명적이고 좋은 핑곗거리인 것만은 분명하다. 이들의 중요성을 항상 명심하자.

▲ 그림 3-9

사업과 제안의 평가

▲ 그림 3-10

이 사진은 뫼비우스의 띠이다.
영업, 제안 그리고 실행 업무
등 비슷한 업무가 반복된다고
불평 하지 말자.
반복되는 사이클이므로 많은
자원들을 재활용할 수 있고 매
순간마다 창의력을 발휘하면
아주 재미있는 일이다.
즐겨보자.

앞에서 본 프로세스는 학생이나 연구원의 경우도 유사하게 적용될 수 있을 것이다. 전공 과목을 선택하여 논문 작성 방향을 선정한 후(마케팅), 지도 교수의 취향, 평가 방향을 파악하고(사전 영업), 논문을 작성(제안서)한 후에 발표(프레젠테이션)를 하게 될 것이다.

기업에서는 사업 분야의 진입 여부를 결정하게 된다(마케팅). 어떤 사업에 착수하기로 결정되면 사업 전략을 기반으로 영업 대표들이 시장 조사와 함께 사업 발주 상황을 살핀다(사전 영업).

하나의 사업이 시작되면 입찰 공고가 나오고, 이에 맞추어 제안서/PT와 사업 견적서를 제출한다.

실력과 운이 좋아 계약을 하게 되면 실무 기술진이 요구사항에 맞는 시스템을 구축하게 된다(실행).

여기에서는 제안과 PT의 과정을 총 7단계로 구분하고, 각 단계별로 알아두어야 할 요점들을 중심으로 설명하고자 한다.

▲ 그림 3-11

RFP(제안 요청서, Request for Proposal)
발주자가 특정 과제의 수행에 필요한 요구사항을 체계적으로 정리하여 제시함으로써 제안자가 제안서를 작성하는 데 도움을 주기 위한 문서

해당 과제의 제목, 목적 및 목표, 내용, 기대 성과, 수행 기간, 사업비, 참가 자격, 제출서류 요구 사항, 목차, 평가 기준 등의 내용이 포함됨.

발주처에서는 현장 설명회를 통해 사업 시행을 공지하며, 전체적인 계약 프로세스를 조달청에 위임한다. 조달청에서는 사업 공고를 알리게 된다. 이때 RFP를 공식적으로 공개한다.

RFP가 공고되면 사업자들은 제안서, 요약서 및 PT 자료를 준비한다. 이와 동시에 원가 계산을 수립한다. 일반적으로 제안서 중반이 지나면 대략적인 예산이 수립된다. 발주처에서 정해 놓은 예산 이하로 맞추어야 하는데, 적어도 경쟁사보다는 적어야 점수를 더 받을 수 있다.

도대체 중요한 것이 무엇인지 처음에는 헷갈린다. 우리가 알아보려는 평가 프로세스를 주목해보자.

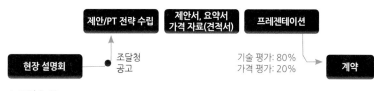

▲ 그림 3-12

기술:가격 평가 비율의 아이러니
10여 년 전에는 6 : 4, 7 : 3이 있었다. 만일, 어떤 회사가 가격을 확 낮춘다면 기술 평가 1위 업체가 떨어지는 경우가 많았다. 따라서 기술력 있는 회사를 선정하기 위해 9 : 1로 높이게 되었다.

첨부한 RFP를 살펴보자. 기술 능력 총 80점, 가격 평가 20점을 합쳐 총 100점, 이를 '기술 대 가격이 8 : 2'라고 표현한다.

그런데 제안서가 몇 페이지인지 살펴보기 바란다. 제안서 500페이지 이내, 요약서 50페이지 이내, 여기에 페이지 제한 없는 도면과 부록들, 거기에다가 참여사가 5개 회사면 곱하기 5의 분량이다. 과거에 평가위원의 책상 위에는 제안서가 산더미처럼 쌓여 있었다.

아무리 논문을 많이 읽은 교수님이라 하더라도 평가하는 데는 한계가 있다. 그래서 각 참여 회사별로 약 15~20분 동안 함축하여 설명하고, 이를 평가하는 분위기이다. 그래서 프레젠테이션의 중요성이 다시 강조되는 것이다.

물론 제안서의 중요성을 간과해서는 안 된다. 제안서의 내용 전개 흐름, 시인성, 규정 준수 여부 등이 불만족스러우면 가차 없이 감점된다.

평가위원의 수
평가위원은 약 50억 원 이하는 7명, 50억 원 이상 프로젝트는 9명이 참석한다.

정리해보자.

이기는 제안서/요약서와 PT 능력이 있어야만 사업을 수주할 수 있다. 가격 자료는 영업 대표와 PM이 작성하므로 여기에서는 언급하지 않는다.

제안하기

제안(Proposal)이란, 생각(안, 案)을 내어 놓는 것이다. 비즈니스 분야에서는 다른 파트에서 설명한 시스템 디자인과 다르게 이미 기술, 기능적인 요구 사항과 예상되는 예산 기준 그리고 목차까지 정해져서 공고된다. 필자가 주로 경험한 SI 사업 분야에서의 제안을 정의한다면 '고객이 정한 요구사항에 맞는 시스템을 구현하기 위하여 사업 실행안, 즉, 기술과 가격을 제시하는 것'이라고 할 수 있다.

실행안을 제시하기 위해 고려해야 할 사항으로, 제안서에는 3개의 관련 주체가 있고, 각 주체별로 생각의 틀을 정할 필요가 있다.

① 고객 만족도 우선
  : 제안서는 RFP에 표시되어 있는 고객의 진정한 니즈에 대한 답변이다.

② 경쟁력 우위
  : 경쟁사에 대한 차별화를 어떻게 만들 것인가?

③ 자신감과 겸손
  : 사업을 성공적으로 수행하기 위해 핵심 역량을 어떻게 보여줄 것인가?

이러한 생각을 구체화하여 제안 프레임워크를 만들기 위해 필자는 모 대형 SI 프로젝트를 진행할 때 제안 전략서와 제안 기획서를 활용하였다.

모든 사항이 중요한 태스크(task)이지만, 이 책에서는 그중에 제안 전략서 작성과 일정 관리 부분을 강조하고자 한다.

SI 사업(System Integration) 하드웨어, 소프트웨어, 통신망, 전산 인력 등의 전산 자원을 사업의 목적과 특성에 맞게 통합하여 최적의 해결점을 제시하고 정보 시스템을 개발·유지·보수하는 과정까지 포함하는 광범위한 시스템 통합

▲ 그림 3-13

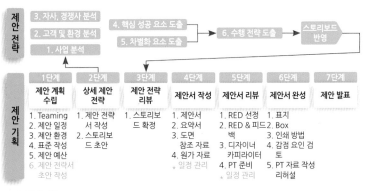

▲ 그림 3-14

필자는 프로젝트에 착수할 때 우선 마음에 두는 생각이 있다. 고객이 진정 원하는 것이 무엇인가? 그리고 제대로 이해하고 있는가? 내 제안서에는 어떤 가치(철학)가 담겨 있는가? 어떻게 표현할 것인가?

필자는 제안 팀을 끌어갈 때 이러한 생각을 구체화하여 정리한 세 가지 방법론을 주로 활용하였다.

공통 원칙	1. 평가위원은 언제나 옳다. 2. 평가위원이 옳지 않다고 느껴지면, 원칙 1을 따르라.
작성 기준	1. KISS, Keep It Simple and Short(짧고 간결하게 내용을 전달하라). 2. KILL, Keep It Large and Legible(크고 또렷하게 가독성이 좋은 PPT를 만들어라).
공통 원칙	1. 정보 공유와 토론(Brain Storming) 2. 실무 경험자 RED팀 운영 3. 분위기를 흐리는 사람 격리시키기

▲ 그림 3-15

주의할 사항 하나
가능한 모든 정보는 공유하나 사업(영업)적인 정보는 PM/영업 대표가 Point-to-point 방식으로 취합, 관리하자. 가능한 한 조심하자.

공통 원칙이 마음에 들지 않으면 수주를 하지 않으면 되므로, 따르지 않아도 된다.

작성 기준은 설명하지 않아도 기본적으로 이해하고 있으리라 믿는다.

품질 기준 역시 같다. 다만 세 번째는 설명이 필요하다. 팀으로 일하는 조직에서 토론을 할 때 상대방의 의견에 이의 제기를 하는 분위기는 최상이다. 그러나 종종 감정이 실리거나 빈정대는 투의 언행으로 분위기를 얼어붙게 만드는 팀원은 밖으로 내보내는 것이 좋다. 이때 작성한 제안서에는 오타가 많아지거나 논리가 맞지 않는 문장이 한눈에 알아볼 수 있을 정도로 늘어나게 된다.

분위기 만들기 경험
'밥이나 한 잔'
종종 시간에 쫓겨 늦게 퇴근하거나 밤을 새는 경우가 있다. 어느 정도 진도가 나가고 저녁 겸 치맥이 생각날 때 사용하는 암호로, 한OO 님이 만들었다. 이 암호를 아는 팀원들만 따로 모여야 하겠다.

그리고 말로만 지적하고(이 경우에는 대안 제시가 거의 없다) 정작 본인이 작성한 제안서에 허점이 많은 경우에는 계속 지적하고 지침을 주어야 한다. 따라서 여러 사람이 피곤해지고 수정 보완을 하느라 일정을 낭비하게 된다.

마지막으로 고객(평가위원)을 만족시키기 위해 우리 엔지니어들의 능력을 최대화하는 팀워크가 중요하다는 점을 강조하고 싶다.

제안 준비하기 Tip

　제안 프레임워크에서 주요 특징 및 용어 등 필자뿐만 아니라 여러 팀 동료들이 경험했던 포인트 몇 가지 사항을 보충 설명한다.

제안팀의 구성

: 전문성과 대외적인 네트워크의 신뢰성을 기반으로 팀을 구성하자.
신뢰가 떨어진 팀원이 있을 경우, 평가위원들에게 바로 소문이 난다.

> '김 모 과장은 지난번 프로젝트에도 헤맸는데 이번 프로젝트에 또 들어오네? 문제 있겠는데…'
> 바닥이 좁다는 사실을 명심하자.

제안 전략서 초안 작성

: 사업정보를 최대한 확보하여 우선 작성해 놓고 계속 보완하자.
나중에 서두르면 빠뜨리는 사항이 반드시 생긴다.
: 특히, 경쟁사 분석과 핵심 성공 요소는 계속 챙기고 보완하자.

스토리보드 초안 작성

: 이미 기본적인 목차는 알고 있다. 어느 부분에 어떠한 보충 자료를 넣을 것인지 미리 고민하고 관련 자료(사진, 신문 자료 등)를 모으기 시작하자.

> 노련한 PM과 끈끈한 팀워크가 있는 팀이면 이미 각자 알아서 준비하고 있을 것이다.
> 미리 준비한다는 것은 시간을 번다는 것을 의미한다.

철저한 일정 관리

: 아무리 정성을 쏟으려고 해도 시간이 부족하면 아무 소용이 없다. 최소 3~7일은 예비일을 확보하고 일정을 계속 관리하자. 그래도 마지막에는 항상 하루가 부족한 아쉬움이 남을 것이다.

> 종종 제안서의 마감일이 명절 또는 휴가철 직후인 경우가 있다. 참 고약하지만, 이때 일정 관리의 중요성은 더욱 중요해진다.

사소하지만 필요한 사항들, 감점 요인 챙기기

: 제안서 전체 부피가 얼마인가, 어떤 차로 누가
 운반해서 제출할 것인가?
 어느 경로로 이동할 것인가, 당일 도로 정체 요
 인은 없는가?

: 제본 크기, 회사 로고 사용 등 RFP의 감점요인
 에 저촉되는 사항은 없는가? 등을 확인하자.

PT 작성과 리허설

: 가장 중요한 사항이므로 다른 파트에서 상세히 설명하기로 한다.

*언젠가 지방에 있는 발주처에
제출하려는데 고속도로 공사로
정체가 시작되었다.
젊은 베스트 드라이버의 지원을
받아 마감 3분전에 제출한 적이
있다. 미리 조사하고 여유를 갖
고 출발하자.*

제안 요구서의 이해

제안 요구서(RFP, Request for Proposal)란, 발주자가 특정 과제의 수행에 필요한 요구사항을 체계적으로 정리, 제시함으로써 제안자가 제안서를 작성하는 데 도움을 주기 위한 문서를 말한다.

RFP는 모든 제안의 출발점으로, 다음과 같은 의미를 갖는다.
- 사업 수행을 위해 사업의 타당성을 제시하는 근거
- 공정한 사업 평가 조건
- 법·제도적 문제를 방지할 수 있는 기준

RFP의 구성은 다음과 같다. 제안서 작성의 바이블, 불경, 코란으로 보자.
- 사업 추진의 배경과 목적
- 제안하는 시스템의 내/외부 환경 정보
- 제안서에 작성되어야 할 내용과 요구사항(기술, 기능, 운용 방법 등)
- 목차와 목차에 포함되어야 하는 내용
- 사업자 선정을 위한 객관적인 평가 기준

RFP는 기본적으로 아래 그림과 같은 프로세스로 분석하여 제안을 작성한다. 그런데 조금 밋밋해 보이지 않은가?
여기에 전략을 심어야 한다. 바로 위에서 설명한 RFP 분석 포인트를 담아 발주처와 평가위원을 감동시킬 수 있는 제안 전략을 수립해야 하는 것이다. 그리고 RFP 요구사항을 제안서에 담았다고 끝나는 것이 아니라 어필해보자.

RFP 분석 포인트
일반적인 내용으로 보인다. 그러나 여기에 숨어 있는 고객의 진정한 니즈를 찾아내어 제안서에 담아야 한다.
단순히 IT 시스템을 구축하는 것이 아닌 기존 시스템의 개선과 연계, 또는 관련 조직의 확장 등이 진정한 목적이 숨어 있는 경우가 있다.

RFP 분석 프로세스

구체적인 사업 범위 정의				제안
제안서 작성을 위한 목차, 요구사항 파악	작성 요령 및 필요 양식 파악	평가 기준 및 주요 평가 요소 파악	작성 계획 수립 (업무 분장, 시간 계획)	제안서 작성을 위한 자료 수집
• 기본 목차, 요구사항, 내용, 작성 요령, 양식 등을 파악함. • 제안 심사의 기준을 공유하고 주요 평가 요소에 대한 토론을 통해 제안의 명확한 방향을 설정하여 공감대를 형성함.			• 각 담당별 업무 분장과 시간 계획을 구체적으로 수립함. • 수립된 계획과 파악된 내용을 토대로 자료를 수집함.	

▲ 그림 3-16

RFP 예시

1. 제안서 작성 요령

1.1 제안서 작성 일반사항

제안서 작성 기준
가능한 500쪽에 맞추자. 대신, 설계 도면과 부록 등은 제한이 없으므로 가능한 두껍게 만들어 노력을 많이 했다는 표시를 내보자.

- 제안서는 제안 요청서 및 기본 설계서에 기술된 요구사항을 충분히 만족할 수 있는 방안을 포함하도록 기술하여야 하며, 제안서 작성 지침에 기술된 부문별 요구사항에 대해서는 목차 구성에 따라 각각 세분해서 좀 더 구체적이고 상세한 방안을 기술해야 하고, 기술적인 설명자료 등의 내용이 많을 경우에는…(후략)…

1.2 제안서 작성

1) 제출 도서

번호	도서명	규격	수량	제한매수	인쇄
1	제안서	A4	15부	500쪽 이내	양면
2	요약서	A4	15부	50쪽 이내	양면
3	설계 도면	A3	15부	제한 없음	단면
4	부록	A4	5부	제한 없음	양면
5	설계 내역서	A4	1부	제한 없음	단면
6	CD (1~5까지 수록)		3set	라벨 부착	

- 도면은 좌편철로 한다.
- 입찰 도서는 양면으로 인쇄하고(단면 인쇄를 허용한 경우는 제외) 각 쪽의 중앙 하단에 "–1–"의 형식으로 쪽수를 표기하여야 한다.

- 입찰 도서 중 인쇄되지 않는 면에 대한 쪽수 인정 기준
  - 간지: 간지는 앞·뒷면 모두 쪽수로 인정하지 않으나, 반드시 쪽에 장이나 절, 분야 등의 분류 제목이 명시되어야 하며, 분류 제목이 명시되지 않은 경우에는 쪽수로 산정한다.
  - A4로서 인쇄되지 않는 쪽은 쪽수로서 인정된다(단, 제본상 제안서 맨 앞뒤에 인쇄되지 않은 각 1장씩은 쪽수로 인정하지 않음).
- 문서 작성은 한글 2002 이상 또는 Microsoft PowerPoint 2003 이상 중에서 선택
- 사용 언어는 한국어로 작성함을 원칙으로 하되, 일반적이지 않은 영문, 약어 등은 주석을 작성한다.
- 모든 인쇄물은 경인쇄로 통용되는 일반 마스터 또는 레이저 프린터로 인쇄하여야 한다.
- 인쇄 형식
  - 크기: A4 (210×297mm)
  - 표지: 백색 아트지 200g/㎡ 무광택, 첨부된 표지 양식 사용
  - 본문: 백상지 80~100g/㎡(본문에 사진을 포함하여 문서 작성은 할 수 있으나, 흑백이어야 하며 인화된 사진을 부착하여서는 안 됨)
  - 간지 색상은 연녹색(green)으로 하며, 1쪽으로 인정하지 않는다.
  - 그림, 표 등의 삽입으로 A4 이상 규격 용지를 사용할 경우는 수평 방향만 허용하며 최대 A3 규격을 초과하여 사용할 수 없다. 인쇄는 단면으로 하고 연번으로 다음과 같이 표시하여야 한다.

- 페이지, 페이지 +1, – (예) –9,10–
  - 쪽수 산정에 있어 목차는 쪽수에 포함시키지 않는다.
  - 제본 : 무선철 제본
- 입찰 참여자는 표지의 하단에 참여 회사의 상호를 기재하되, 공동 도급 시 대표 회사 1개의 상호만을 기재한다.
- 제출 방법 : 공문에 의한 직접 방문 제출
  - 제안서는 구비서류를 갖추어 공문서로 제출하여야 하며, 공문으로 제출하지 않을 경우에는 접수하지 않는다.
  - 마감 일시까지 제출하지 않을 경우, 제안 의사가 없는 것으로 처리하고 제출된 제반 자료는 반환하지 않는다.
- 입찰 참여자는 입찰 도서 작성 지침을 준수하지 않을 경우 감점 기준에 따라 감점한다.
- 기타 : 기타 입찰에 관한 사항은 입찰 공고 참조

2. 제안서 작성 지침

2.1 일반사항
- 입찰참가자는 제안 요청서 및 기본 설계서의 제반 조건에 따라 제안서를 작성하여야 하며, 발주 기관이 제시한 제반의 조건을 임의로 변경해서는 안 된다. 만약, 발주 기관이 제시한 제반의 조건을 임의로 변경하여 제안한 사항은 발주 기관의 지시에 따라…(후략)…

2.2 제안서 유의사항
- 제안서의 내용에 허위가 있어서는 안 되고, 가능한 한 객관적 또는 논리적 근거가 제시되어야 하며, 만약 허위로 작성한 사실이 판명될 경우 평가 대상에서 제외됨은 물론…(후략)…

목차와 조견표는 가능한 한 평가 배점 기준에 맞게 작성하는 것이 좋다. 평가위원의 입장에서 여러 회사를 비교하고, 점수를 주기가 쉽다.

2.3 제안서 목차

제1부 일반 현황

1. 납품 실적
2. 기술 능력
3. 경영 상태

제2부 기술 제안

제1장 사업 요약

1. 제안 내용 요약
2. 납품 물량 내역

제2장 현황 분석

1. 설계 현황 분석 및 개선 사항
2. 설계 내용의 보완 사항 및 추진 계획…(후략)…

만일 임의로 틀어서 작성한다면, 평가위원은 '어! 이 회사는 이 부분을 작성하지 않았네'라고 여기고, 바로 감점 처리할 수 있다.

제5장 제안서 평가 기준

1. 제안서 평가위원회 구성
- 제안서의 합리적이고 객관적인 평가를 위하여 "제안서 평가위원회"를 구성하여 기술(규격) 평가를 실시한다.

2. 제안서 평가 기준
- 본 사업의 평가는 기술 평가에 한하며, 제안서 평가 기준에 따른다.
- 기술 평가의 배점 기준은 [별첨 1]과 같다.…(후략)…

어느 순간부터 특별 제
안 항목이 포함되었다.
여기서 점수 차이가 나
는 경우가 생겼다. 좀
더 신경쓸 수밖에….

[별첨 1]

제안서 평가 배점 기준

구분		평가 항목 및 요소	배 점
계			100
기술 능력 평 가	제1부 일반 현황(10)	제1장 수행 실적	3
		제2장 기술 능력	3
		제3장 경영 상태	4
	제2부 기술 제안(40)	제1장 사업 요약	5
		제2장 현황 분석	
		제3장 교통 관리 전략	5
		제4장 현장 설비	10
		제5장 교통 정보 센터 H/W 및 S/W	10
		제6장 통신망	5
		제7장 토목 구조물 및 전기 설비	5
	제3부 사업 관리(25)	제1장 공정 관리 계획	10
		제2장 품질 관리 계획	5
		제3장 운영 계획	5
		제4장 유지 관리 계획	5
	제4부 특별 제안 (5)		5
입찰 가격 평 가	(20)	조달청 기준 적용	20

제안 전략서의 준비

제안 전략 수립의 목적
RFP 및 관련 자료를 분석하고, 이를 토대로 고객의 진정한 니즈에 부응하는 성공요소를 도출하고 경쟁사 대비 차별화된 제안 전략을 수립함으로써, 사업 수주의 경쟁 우위를 확보한다.

제안 전략서는 PM이 영업 대표와 함께 작성하여 제안 팀원 뿐만 아니라 관리, 지원, 구매 팀 등이 사업에 관련 있는 협업자들과 같은 관점을 갖도록 하는 도구이다.

1. 사업 분석

아래와 같은 몇 가지 표를 이용하여 정리해서 전체 회의 때 설명해보자. 2~3페이지로 핵심 사항 위주로 요약하고 세부사항은 첨부하자. 사업 분석 단계에서는 크게 두 가지를 파악할 것을 강조하고자 한다.
– 발주처가 요구하는 사항이 무엇인가? 이것 때문에 일정, 원가 측면에서 손해가 생길 수 있는 숨어 있는 요인은 없는가?

• 사업 명칭이 길 경우, 약자로 표시하면 부르기 편하다.
• 가용한 인력을 보고, 필요 인력을 요구하자.
• 영업 대표, 관계자 등으로 부터의 정보를 종합하여 제안서에 꼭 담을 내용을 표시하자.

사업의 개요	
사업명	사업명, 내부 명칭(1)
사업 개요	배경, 목표, 특징 등
사업 규모	VAT 포함/비포함
사업 기간	설계, 시험 운영 등 구분
제안팀	예상 인력 명단(2)

제안의 방향	
제안 범위	주요 사업 내용 또는 RFP의 대목차 정리
RFP 특징(3)	기존 사업 대비 특이한 사항들, 감점 기준, 원가 측면의 위험 요인 등 주요 특징 위주로 요약
기타 사항	평가 방법, PT 일정 등

공간적 범위는 지도로 표시하면 설명하기가 편하다.

내용적 범위는 물량을 너무 자세히 쓰지 말고 주요 항목으로 구분해도 좋다.
단, 총 수량은 표시해서 사업 규모를 알아볼 수 있도록 하자.

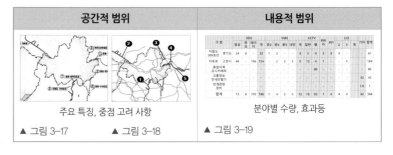

공간적 범위	내용적 범위
주요 특징, 중점 고려 사항	분야별 수량, 효과등
▲ 그림 3-17 ▲ 그림 3-18	▲ 그림 3-19

핵심사항을 요약하고, 세부사항이나 백 데이터(Back Data)는 첨부하자.

	사업적 측면	기술적 측면	예산 연계 사항
사업 특징 및 고려 사항			
위험 요인 및 대응 방안	경쟁사 대비 납기/원가 측면 등	▶▶▶ 대응 방안 요약	

2. 고객/환경 분석

앞서 고객의 진정한 요구사항이 무엇인지 파악하는 것이 중요하다고 몇 차례 강조하였다. RFP에 표시된 사항뿐만 아니라 영업 대표, 사업 관계자, 협력업체 등을 통해 입수한 정보를 분석해야 한다. 그뿐만 아니라 RFP를 면밀하게 검토하다 보면 독소 조항 또는 지뢰와 같은 용어가 보인다.

대표적인 독소 조항 사례를 들어보자.

– 우리 센터는 주변 시 · 군의 Hub 센터로서의 Vision을 ~인터페이스 ~

　: 발주처에서 꼭 하고 싶은 내용인데, 구체적으로 표현하지 못한 것 같다.

　: 주변 시 · 군과 인터페이스할 수 있는 HW, SW가 얼마나 필요할지, 그리고 어느 정도의 기능을 구현할 것인지? 모르고 넘어가면 나중에 힘들다.

　: 미리 발주처에 질의를 통해 범위를 확정하거나(경쟁사도 고민하게 만든다), 제안서에 범위를 명확하게 표현해 놓고 특별 제안으로 돌려놓으면 나중에 협상할 근거가 생긴다. 사전에 RFP를 면밀하게 검토한 후 아래 그림과 같이 정리해서 팀원들과 공유하고 계속 검토해보자.

고객의 특성		
사업의 특성	신규 사업인가, 개선 사업인가?	
	이전 사업은 누가 수행했는가?	
	다음 단계의 추가 사업이 예상되는가? 등	
리더십 성향	의사 결정 라인이 복잡한가?	
	외부 영향이 예상되는가?	

이슈 사항		
사업의 위험 요소	경쟁사의 Win back 의지는 어떠한가?	
	관련 연계 기관이 복잡한가?	
	실행 관점에서 어떤 영향이 예상되는가?	
사업 장애 요인	발주처 이외에 지역 단체, 상급 기관(또는 본사)의 영향력	

기타 사항	
환경 요인	발주처 현장이 유난히 침수가 잘 되는 곳인가 등
정치, 사회 등 요인	구체적으로 표현하면 오해가 있을 것 같아 생략함.

과거 모 사회 단체에서 무리한 요구를 하고, 현장 사무실 앞에서 시위를 하는 바람에 원가와 일정에 많은 영향을 미친 경우가 있었다.
이 경우에는 전담 담당자가 맡고, 일은 일대로 진행하는 요령이 필요하다.

3. 자사, 경쟁사 분석

'지피지기면 백전백승'이라는 말이 있듯이 우리와 상대방에 대한 경쟁력 분석을 통해 성공 전략을 수립해야 한다. 상대방(경쟁사)에 대한 분석은 사업 관점과 기술 관점으로 분류할 수 있다.

사업 측면의 예를 들면 경쟁사가 선행 사업을 수행한 경험을 보유하고 있어 사업에 대한 이해도가 높고 재활용할 수 있는 솔루션을 갖고 있으며, 이번 사업에 대한 수주 의지가 매우 강하다. 그러므로 경쟁이 더 치열해질 수 있다. 즉, 가격을 가능한 한 낮게 제시할 가능성이 높다는 것을 알 수 있다. 그렇다면 우리는 어떻게 할 것인가?

기술적인 측면에서는 이 사업의 주요 기능 분야에 대하여 유사 솔루션 개발 경험 또는 구축 경험의 확보 여부, 유사 사업 수행 경험 및 특정 분야의 경쟁력이 있는 부분 등을 상중하 또는 5점 척도로 비교한다. 그러면 강점과 약점이 구분될 것이다. 이를 통해 제안서에 어떤 부분을 강조하고 또는 경쟁사와 비슷할 것으로 예상되는 내용을 포함시킴으로써 경쟁사의 우위 사항을 희석시킬 수 있을 것이다.

이러한 내용을 서술식으로 작성하거나 아래 그림과 같이 SWOT 분석표로 정리할 수 있을 것이다.

> **SWOT 분석**
> 기업의 환경 분석을 통해 강점(strength)과 약점(weakness), 기회(opportunity)와 위협(threat) 요인을 규정하고 이를 토대로 마케팅 전략을 수립하는 기법

우리만의 단독 분석

SWOT 전략 이란?	Strength	Weakness
	우리의 강점은?	우리의 약점은?
Opportunity		
사업 활성화를 위한 기회 요인	우리의 강점으로 기회를 살리자.	약점을 보완해서 기회를 살리자.
Threat		
대내외적인 위협요인	강점으로 위협 요인을 극복하자.	피해를 줄이고 불리한 상황을 벗어나자.

경쟁사들과의 연계 분석

	우리	A사	B사
강점	우리의 강점	상대의 강점	상대의 강점
	우리의 약점	상대의 약점	상대의 약점
약점	▼	▼	▼
	극복 방안	대응 방안	대응 방안

4. 차별화 요소 분석을 통한 수행 전략 수립

사업 수행 전력은 선정된 성공 요소를 바탕으로 대안을 수립하되 구체성, 타당성 및 실현 가능성을 고려하여 작성하자.

앞에서 검토한 각각 요인들을 종합할 때가 되었다. 이 부분은 약간의 실무 경험이 필요하다. 마케팅적인 전략 수립 능력만으로는 부족하고 사업에 대한 이해와 실무를 수행해본 경험이 함께 어우러져야 비로소 실현 가능한 전략을 수립할 수 있다.

핵심 성공 요소와 차별화 요소는 별도 작성하거나 합쳐서 작성할 수 있다. 일반적으로 조달청 등을 통해 공개 입찰을 하는 경우 등 간단한 프로젝트는 차별화 요소만이라도 제대로 분석하면 제안 평가 시 비교우위를 차지할 수 있다.

그런데 Smart City, 대형 SI 사업 등과 같이 단순히 기술과 가격으로 판가름내기 어려운 사업들이 있다. 이때는 발주처 위의 상위 기관들이 연관되거나 기술 분야뿐만 아니라 다양한 분야의 평가위원들이 모이는 경우가 있다. 약간 정치력이 필요한 경우도 있다.

이때는 기술적인 차별화 요소뿐만 아니라 사업의 전체적인 구도를 보고 별도의 종합적인 성공요인을 끄집어 낼 필요가 있다. 간단히 서술식으로 작성할 수도 있고, 흐름을 갖는 도식으로 표현할 수도 있다.

[간단한 형식]

제안 전략서의 내용을 활용하여 실제 프레젠테이션에서 발표한 사업 추진 전략 장표 사례

▲ 그림 3-20

[프로세스 형식]

사업 분석 내용	핵심 성공 요소	차별화 요소	사업 수행 전략
	○○○	○○○	전략 1. ○○○○○
1. ○○○	○○○	○○○	1.1 세부 전략 1.2 세부 전략
1. ○○○	○○○	○○○	
	○○○	○○○	전략 5. ○○○○○
1. ○○○			5.1 세부 전략 5.2 세부 전략
	○○○	○○○	

5. 스토리 보드

스토리보드(Story board)
스토리보드는 보는 사람이 스토리의 내용을 쉽게 이해할 수 있도록 주요 장면을 그림으로 정리한 계획표를 말한다. 스토리보드는 시나리오의 내용을 시각화하여 표현하기 위한 도구인 동시에 제작진 사이의 의사소통을 돕기 위한 중요한 수단이라 할 수 있다(출처: 네이버 지식백과, 예스폼).

전체적인 전략이 만들어지면 이것을 논리적으로 전개해 나가야 한다. 이때 생각을 정리하기 위하여 스토리보드를 사용한다.

일반적으로 목차는 지정되어 발주되는 경우가 많다. 그러나 지정된 목차의 내용에 기본적으로 담아야 할 사항(RFP에서 요구한 사항)에 우리만의 독특한 가치(사업 수행 전략)를 담아 고객과 평가위원에게 어필하기 위한 방법론이 필요하다. 특히, 제안서는 혼자 작성하는 것이 아니라 여러 명이 작성하게 되므로 하나의 전략과 방향으로 수행되어야 한다.

스토리보드는 아래 그림과 같이 엑셀(Excel)을 이용하여 목차를 구조화하는 방법과 PPT를 이용하여 주요 장표를 스케치하는 방법이 있다.

예) 엑셀을 이용한 구조화 방법

SI 사업 제안서를 작성할 때는 영상물 제작자와 달리 그림이 많이 포함되지 않으므로 엑셀로 작성하면 수정, 보완이 쉽다는 장점이 있다.

다만, 실제 작성에 필요한 목차별 전개 구조나 표현 등에 대한 정보는 담지 못하고 있으며, 키 메시지(Key Message) 등 작성 포인트보다 목차 정리에 치중하게 되는 단점이 있다.

사업 제안에 적용하는 스토리보드란
스토리보드는 제안서 작성에 앞서 전체적인 작성 방향과 작성 항목을 정의한 문서로서, 미리 보는 제안서(Navigator) 이다.
산출물(제안서/요약서/PT) 간 논리의 일관성을 유지하고 팀원 모두가 한 방향으로 시행착오 없는 제안을 하기 위해 작성한다

사례 1

RFP 요구 목차	쪽수	(소계)	담당자	작성 방향	비고
	195	195			
제2장 ㅇㅇㅇ정보시스템 현황 및 이슈 분석		94			
제1절 ㅇㅇㅇ정보시스템 개요					
1. 기존 ㅇㅇㅇ정보시스템의 정의				기존의 ㅇㅇㅇ 감지/차단하는 방침 소개(ㅇㅇㅇ 대책 방안 등)	
1.1 ㅇㅇㅇ정보시스템의 정의	4				
2. ICT융합 ㅇㅇㅇ정보시스템의 정의				정의, 배경 및 필요성, 산업의 분류(ㅇㅇㅇ와의 차이점 및 연계성)	
2.1 ICT융합 ㅇㅇㅇ정보시스템의 정의	4				

▲ 그림 3-21

사례 2

제2장 현황 분석	조사의 목적 및 특징: 1차 조사 → 사업 구간 특성 도출 → 2차 조사 실시 및 분석 → 전략과 연계 / 1. 2와 연계하여 요약 형태로 작성
1. 설계 현황 분석 및 개선사항	
1.1 1차 조사를 통한 사업 구간 특성 분석	
1.2 사업 구간의 특성 이해	1차 조사 항목 및 이를 통한 특성 도출: 구간의 도로 위상-OD 현황, 안개 다발-백운호수, 호수 공원, 한강/결빙-교량구간/호우-자유로, 행사 많음(주말 교통량 대)-동화 경모 공원, 킨텍스, 헤이리, 영어 마을, 경마장, 대공원, 백운 호수, 다연계지점-(고양, 파주, 서울) (안양, 수원, 과천, 의왕, 성남, 용인, 서울(양재, 사당 서초))
1.3 추가 조사 항목 도출 및 내용 분석	항목 도출 기준, 수행 항목 및 내용 요약, 세부 내용은 1.4에 세부 내용 기술(RFP: 필요 시 계절별, 요일별 변동사항에 대해서는 조사를 실시)
1.4 교통 현황 분석	
1.4.1 도로 조건 현황	
1) 도로망 체계 및 기하 구조	지도, 구간 길이, 차로수, 입체 교차로 현황
2) 대체 도로 및 우회 도로	기선정 우회 도로 분석 및 추가/수정사항 도출

▲ 그림 3-22

6. PPT를 이용한 도식화

PPT를 이용한 방법은 강조점과 설명을 구체화하는 데 효과적이나, 시간이 과다하게 소요된다는 단점이 있다. 그러나 프레젠테이션 준비에는 도움이 된다. 한 번 기본 틀을 정리해두면 재활용하는 데 도움될 것이다.

■ 구축 목표

v 고객: 쾌적하고 예측 가능한 교통 정책 수립을 위한 교통 허브(Hub)의 구축
v 관리자: 광역 교통의 실시간 분석으로 원활한 교통 정책 수립
v 운영자: 인간 공학적 GUI를 통한 운영 편의성, 사후 분석 및 정책 수립 지원
v 연계기관: Seamless 교통 정보의 연계
v 운전자: 실시간, 지역 맞춤형 교통 정보의 제공

■ 사업의 이해 및 작성 방향

사업의 이해	작성 방향	참조 자료
1. 설계 시점 대비 급격한 환경 변화에 대응	- 중장기 미래 모형 수립, 재난 관리 등 연계	중장기 전략 표
⋮	⋮	
9. 기타	1. ○○○ 시스템 구축이 효과적인지 재검토 필요	네트워크 구성도

▲ 그림 3-23

담당자: ○ ○ ○

전개 방안	제안 방향 1차	제안방향 보완
1.1 기본 설계 분석 및 개선 **2**	**가. 장비 성능 측면** 기본 설계서를 바탕으로 현장의 특성 (환경적 (안개), 고속 주행/정체 반복, …)을 고려하여 필요한 장비의 성능을 부각하고 이에 따른 기본 설계서의 개선 사항을 제시 **나. 유지 관리 측면** 기본 설계서를 바탕으로 장비를 구축한 후 운영 유지 관리의 편리함을 고려한 장비의 특징과 유지 관리 절차를 부각하고 이에 따른 기본 설계서의 개선 사항을 제시	○ ○ ○ 구간은 횡단공사가 불가능에 가까울 것임. - 무선 LAN이 적용될 부분은? - ○ ○ ○ 책임이 F/up **3**
1.2 현장 설비 설계의 특징	앞서 기본 설계서의 분석/개선 내용을 바탕으로 현장 설비별로 타 업체와의 차별성을 부각하는 포인트를 그림을 통하여 부각 여기는 뒤 페이지에서 나오는 설비 선정 근거, 특징의 요약 부분에 해당하므로 본 내용에 대한 해설이 뒤에서 나와야 함. 많은 내용보다는 키워드를 바탕으로 내용을 채울 것	
1.3 설비 선정 근거, 특징 및 구축 사례 **1**	앞서 현장 설비 설계의 특징에서 기술한 각 키워드를 바탕으로 각 설비의 선정 근거와 특징을 기술.. 특히 본 설비에 대한 신뢰성을 강조하기 위해 각 설비의 구축 사례를 최대한 많이 기술하되, 구축 사례는 삼성 SDS구축 사례를 우선 적고, 없는 경우 타 업체에서 구축한 사례를 기술. 단, 타 업체는 약어로 표시	

1 각 1페이지씩 3페이지로 작성함.
2 1 페이지에 2개의 제목으로 구분하여 작성함.
3 서술 향후 현장 경험자, 자문위원들이 보완사항을 반영하여 개정 계속 업데이트하여 공지함.

▲ 그림 3-24

스토리보드의 검토 방법

스토리보드를 작성할 때는 우선 RFP 등의 기본 사항을 분석한 후 유사 제안서(가급적 좋은 평가를 받았던 우수 제안서)를 참조하여 인용할 부분을 끄집어낸다. 이러한 내용들을 참조해 각 목차를 세분화하고, 주요 장표에 들어갈 내용과 세부사항을 정리한다.

스토리보드는 제안서뿐만 아니라 요약서, 프레젠테이션 발표 자료 준비 시에도 필요하다. 스토리보드를 작성한 후에 스토리보드 자체를 한 번 더 점검해보자.

- 전개되는 순서가 맞는지 검토한다.
  줄거리 전개 방법이 뒤죽박죽이면 이해하기 힘들고 짜증난다.

- 제안서는 결론을 미리 말하는 것이 좋다.
  : 결론 → 입증할 수 있는 근거 자료

- 우리의 전략으로 선정된 내용이 앞부분에 적절히 강조되었는지 살핀다. 전략으로 내세운 부분에 대해 자세한 설명이 뒷받침되지 않는다면 전략이라 할 수 없다.

- 중복된 내용이 없는지 살펴본다. 만약, 중복된 부분이 있다면 각각 쓸 내용을 구분하여 가급적 중복을 피하자.

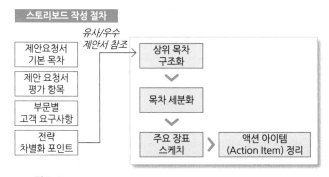

▲ 그림 3-25

Section **03**

제안서 작성하기 실무

제안서 관련 참조자료 시중에 제안서 실무와 관련한 자료들이 몇 개 있다. 대표적인 자료로서 쉬플리 코리아에서 만든 '최강입찰제안서'가 있다.

제안서 작성에는 제안서, 요약서, 도면/참조자료, 일정 관리 및 원가자료 준비 등 크게 5종류의 업무로 구분한다. 원가 자료는 이 사업의 입찰에 참여할 것인가를 확정하는 가장 중요한 업무이다.

제안서의 실무적인 내용은 이미 공개된 제안서들이 많으므로 별도로 소개하지 않고, 이 책에서는 제안서를 좀 더 효율적으로 작성하는 방법과 사례 위주로 설명하고자 한다.

제안서와 요약서 형식의 변화

제안서에 기술력을 표현하는 방법은 크게 세 차례 정도의 변화가 있었다.

1990년대~2000년대 초

- 지면의 80% 이상 서술형으로 작성하여 읽기가 어려움.
- 일반적으로 폰트는 바탕체, 굴림체 등 평이한 폰트 사용
- 흑백으로 인쇄하여 제출

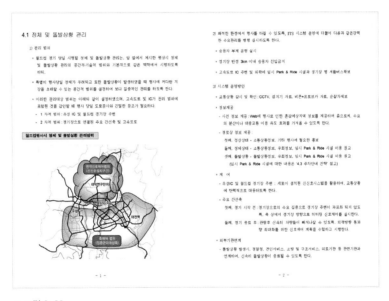

▲ 그림 3-26

2000년대 중반

- 각 페이지 내용을 요약하는 리딩 메시지(Leading message)와 주로 표, 그림으로 내용을 전개함.
- 휴먼새내기체, 문화방송체 등 다양한 폰트의 사용으로 주요 내용을 부각시켜 보기에 편함.
- 일부 제안서는 컬러로 인쇄(단, 인쇄 비용 상승)
- 전문 그래픽 디자이너가 참여하여 예쁜 모양으로 정리

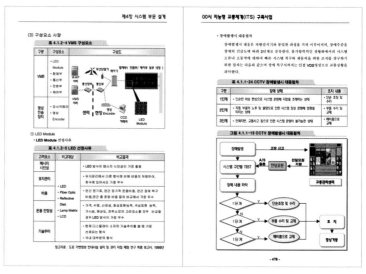

▲ 그림 3-27

- **2000년대 중반~후반**
- 각 페이지 내용을 요약하는 리딩 메시지와 주로 표, 그림으로 내용을 전개하는 방식이 보편화되고, 일부는 제안 요구사항과 개선사항 위주로 핵심만 제시하기 시작함.
- 전문 디자이너를 통해 디자인이 한결 깔끔해짐.

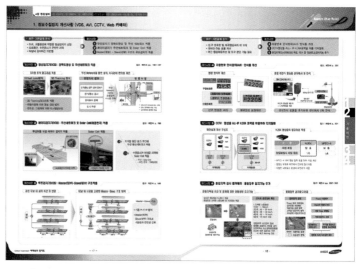

▲ 그림 3-28

차별화를 위한 가독성 높이기

일관성과 가독성
최소한의 표준 용어와 폰트, 단락의 구분, 일관된 색상과 화살표 등으로 한눈에 알아보기 쉽게(가독성) 작성하는 습관을 만들어가야 한다.

작성한 후에 직접 소리 내서 읽어 보면 어색한 부분이 나올 것이다.

제안서는 적게는 150페이지, 많게는 400~500페이지를 작성한다. 보통 제안서는 10명 내외의 팀원이 작성하는데, 가능한 하나의 통일된 지침(템플릿과 표현 방법)이 필요하다. 이 지침을 통해 한 사람이 작성한 것처럼 만들고, 동시에 제삼자에게 가독성이 좋게 표현할 수 있다.

필자가 경험한 템플릿 표준화를 위해 만든 사례이다. 프로젝트 관리자는 제안서 작성 초기에 이러한 지침을 만들어주어야 두 번 일을 하지 않는다.

▲ 그림 3-29

- 리딩 메시지는 해당 부/장/절/쪽 핵심 내용을 알기 쉽고 명확하게 표현
- 읽기 쉽게 쓸 것(한자체를 줄이고 소리 내어 읽어볼 것)
  → 최종 검토 예정사항이나 수정사항을 최소화할 것
- 5줄 이내(추가 시 줄 바꾸기로 연결), 문장이 끊어지지 않게, 영문은 약어 표기
- 주요 강조 표현은 굵게 처리
- 어미는 '~한다', '~있다'로 마무리

- 도식화 부분은 리딩 메시지의 내용 또는 보충사항을 그림, 표로 정리(제안 전략팀의 샘플 DB를 활용하여 일관성을 유지할 것)
- 적절한 아이콘을 추가하되, 산만하거나 지저분하지 않게
- 도식화가 어려울 경우 표나 박스 형태로 그룹화할 것

도식 형태 제안서의 경우, 아래와 같은 기본적인 구성 사례와 의견을 참조하기 바란다.

▲ 그림 3-30

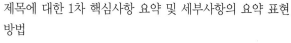
제목에 대한 1차 핵심사항 요약 및 세부사항의 요약 표현 방법

: 1차 핵심사항과 아래의 도식이 간결하므로 의미 전달이 쉬움.

▲ 그림 3-31

제목과 도식으로만 이루어진 장표로, 기본적인 내용은 가독성이 좋음. 단, 구체적인 전달 내용을 파악하기 위해 도식을 일일이 훑어봐야 함.

▲ 그림 3-32

핵심 요약 부분은 좋으나 내용을 너무 길게 서술하였기 때문에 가독성이 떨어짐.

: 제삼자의 시선을 피곤하게 만들 수 있음.

표 내부의 항목이 너무 많으므로, 가독성이 떨어지고 핵심이 보이지 않음.

제안서의 차별화를 위해

- **RFP 요구사항에 대한 반영을 확실히 각인시키자**
  - 제안서의 내용을 표현할 때
    "RFP에서 요구하는 ……을 충족시키기 위해 본 제안서는 ……."
  - "RFP의 ……" 방식으로 제목을 구성

- **제안서의 시각적 변별력을 부각시키자**

  > **그래픽 디자이너**
  > 일러스트레이터(illustrator)라고 표현하기도 한다. 포토샵, 일러스트, 플래시 등의 툴을 이용하여 각종 도식을 시각적으로 멋있게 디자인하는 전문가를 말한다.

  - 감점사항에서 최대한 벗어난 한도 내에서 {문장}보다는 [그림]과 〈표〉를 활용
  - {문장}, [그림], 〈표〉 등 다양한 표현 방법이 반복적으로 표출되도록 구성
  - [그림]은 가능한 3차원적으로 표현하고, 그래픽 디자이너에게 의존하지 말 것
  - 〈표〉: 가능한 음영을 활용하여 작성
  - 기존에 많이 인용되었던 표현 방법이나 내용은 최대한 배제하고 표현 방법을 개선·변경하자.
  - 분야별로 독창성을 갖춘 아이템을 반드시 만들어 내자.

- **독창적인 내용은 반드시 리딩 메지시(Leading Message)에 표현하자**
  - 독창적인 아이템은 이해하기 쉽도록 가능한 한 [그림]으로 표현하자.
  - 독창적인 아이템의 역할을 강조하여 이에 대한 필요성을 각인시키자.

- **문장은 간결하게 작성하자**
  - '사업 구간에서 발생하는 분진이 도시환경을 오염시키고 있다.'
    → '사업 구간의 분진이 환경을 오염시킨다.'

제안서 작성하기 실무 사례

제안서 본문의 기술 사항을 작성하는 것도 중요하지만, 기본적으로 갖추어야 할 형식적인 면도 간과하지 말자. 그동안의 경험, 평가위원과 전문가로부터의 팁을 제시한다.

조견표

조견표, Quick reference
각종 데이터나 정보를 한눈에
알아볼 수 있도록 정리한 표

제안서의 조견표는 평가 항목에 대한 내용이 제안서의 어디에 담겨 있는지 표시해주는 제안 평가의 지침서 역할을 하는 페이지이다.

대부분 표지를 펼치면 목차가 나오도록 작성할 것이다. 그러나 우리 회사는 RFP 요구사항을 잘 정리해서 제시하였다는 점을 보여주면, 평가위원들에게 좋은 인식을 심어주는 데 도움이 될 것이다.

작성하는 방법은 몇 가지가 있으나, 상세한 설명보다 몇 가지 예시를 보여주는 것이 도움이 될 것이라 생각한다.

초기의 조견표 모델

조 견 표

구 분	목 차	해당 페이지
제1부 일반 현황	제1장 납품 실적	1 ~ 4
	제2장 기술 능력	5

▲ 그림 3–33

평가항목 기준으로
보완한 모델

평가 항목 조견표

대분류	중분류	평가항목	제안서 내 관련목차	Page
	유사분야에서의 개발경험	• 개발경험의 유사성 • 개발경험 건수 및 시기 • 개발분야의 규모 및 역할	Ⅱ.2.5 주요사업내용 Ⅱ.2.6 주요사업실적 Ⅱ.3 주요 협력업체 소개 Ⅱ.3.2.2 INNOVATOR개발방법론의 프로 젝트 적용사례	Ⅱ-10 Ⅱ-12 Ⅱ-14 Ⅱ-44

▲ 그림 3–34

평가항목 대비 조견표

평가항목	평가 요소	제안서 목차	페이지
대상업무	• 업무파악의 정확성 • 업무이해의 완전성 • 제안요청서의 일치성	I-1 제안배경 I-1.2 제안의 목적 I-2 제안의 범위	I-2 I-2 I-3
이해도			

▲ 그림 3–35

개선, 보완사항을 강조한 모델

제안요청서(RFP) 요구사항			제안서 반영사항		
요청 내용	목수	반영	개선	추가	제안 내용 요약	목수
1.7 토론부분						
• 구조물 설치 및 인허가 처리 계획	26	0			세부추진 계획 및 최단기간 인허가	383~ 390
• 구조물 설계 내용을 기초로 개선사항 제시	26		0		기존 가로등 활용하는 VDS 설치 통합 구조물로 효율성 향상	371~ 372
• 공사중 교통처리계획의 실천방법	26	0			구조물 및 투수저감기법, 절차시, 공통	675~

▲ 그림 3–36

제안서 목차

제안서의 전체 목차를 한눈에 알아볼 수 있도록 일목요연하게 정리하여 제시하는 것이 기본 방향이다. 제안 전략의 성공 요소를 평가위원에게 어필할 수 있다면 최대한 활용해야 하지 않겠는가?

평가 항목을 기준으로 목차 레벨의 수준(Depth)을 결정하고, 기술 부문은 3~5레벨, 그 밖의 일반 부문은 1~2레벨 수준으로 작성한다. 여기에 전략 키워드를 표시하여 한 번 더 부각시켜보자.

▲ 그림 3-37

3.나.까지는 RFP의 기본 목차에 따르고, 다음 레벨에서 우리의 전략을 부각시켜 표현하면 좀 더 돋보일 것이다.

간지의 활용

간지는 기본적으로 제안 챕터를 구분해주는 역할을 하지만, 간지를 전략 콘셉트를 일관되게 전달하는 지원 도구로 활용할 수도 있으므로 고려해보자. 상대방과 비교 우위를 암시할 수 있는 사진이나 도식 또는 고객이 한자를 많이 사용하는 경우, 목차를 한자로 작성하는 방법도 효과적이다.

담당자의 사진을 삽입하는 것도 아이디어(단, 사람이 바뀌면 안 된다)

필자가 헬리콥터를 타고 현장을 순회하며 찍은 항공 사진을 간지에 삽입하여, 현장 조사 결과를 반영했다는 인식을 갖도록 하였다. 물론 효과가 좋았다.

▲ 그림 3-38

▲ 그림 3-39

▲ 그림 3-40

제안서 짝홀수 면의 활용

제안서를 펼쳤을 때 한눈에 전체를 볼 수 있도록 전개하면 더욱 효과적이다. 제안서를 펼치면 좌측이 짝수면, 우측이 홀수면으로 보인다.

따라서 연관된 내용을 페이지를 넘기면서 보도록 하지 말고, 펼치면 짝홀수 면에, 즉 A3 용지에 인쇄한 것처럼 보여주면, 전달하고자 하는 내용들이 한눈에 들어올 것이다.

같은 값이면 고객 위주로 생각해보고 미리 준비하자. 디테일(Detail)이 고객을 감동시킨다.

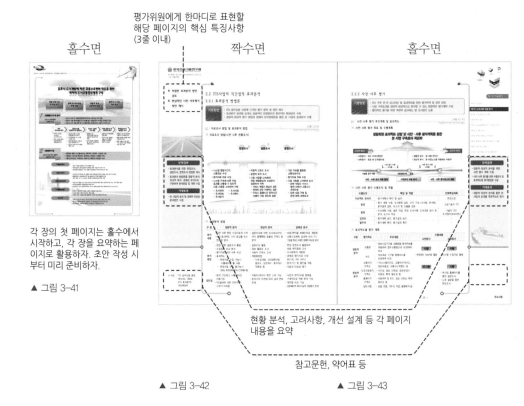

평가위원에게 한마디로 표현할 해당 페이지의 핵심 특징사항 (3줄 이내)

홀수면   짝수면   홀수면

각 장의 첫 페이지는 홀수에서 시작하고, 각 장을 요약하는 페이지로 활용하자. 초안 작성 시부터 미리 준비하자.

▲ 그림 3-41

현황 분석, 고려사항, 개선 설계 등 각 페이지 내용을 요약

참고문헌, 약어표 등

▲ 그림 3-42   ▲ 그림 3-43

문장을 도식으로 만들기

길게 설명된 문장을 도식으로 그려보자.

상황의 설명

1. 이번 클레임의 원인을 부품 설계로 인한 것, 부품 제조로 인한 것, 완성품 조립으로 인한 것, 소비자의 부주의로 인한 것의 크게 네가지로 나눌 수 있다.
2. 클레임의 원인 중 80%는 완성품 조립 라인에서 발생했다는 사실이 밝혀졌다. 설계에는 문제가 없으며, 부품 제조 공정에서 발생한 문제나 소비자의 부적절한 사용으로 말미암아 발생한 문제는 거의 비슷한 수준으로 나타났다.
3. 부품 설계 및 부품 제조 공정의 불량에 관해서는 자사에서 대응 가능하나, 완성품 조립 라인에서의 불량, 소비자의 부주의는 대응이 불가능하다.

구조화-플로차트
구조화 할 수 있다는 것 자체가
상황을 이해하고 있다는 것을
말해준다.

▲ 그림 3-44

정량화
숫자는 가능한 그래프로 추가
하자. 눈에 잘 띈다.

▲ 그림 3-45

구체화-대응 방안
각 요소별로 검토한 결과를 추가.
발표를 할 경우에는 왼쪽에서
오른쪽으로 애니메이션을 추가
하면 설명하거나 이해하기가
쉽다.

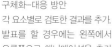

▲ 그림 3-46

클레임 대응 전략

다음 장표에는 대응 전략 수립을 설명하는 자료가 나올 것이다.

무조건 도식이 아니다

엔지니어가 기술적으로 표현하는 것을 옆에 있는 엔지니어도 이해하기 어려운 경우가 많다. 특히, 어떠한 프로세스와 프로세스의 이상 상황을 비교 설명하는 경우에는 표현하기가 어렵다.

아래 그림은 버스 내부에 설치한 GPS 단말기로부터 정류소를 검출하는 프로세스가 비정상일 경우를 표현한다(이 그림 하단에는 정류소 미검출 문제에 대한 대응 방안을 제시하는 내용이 있다). 39, 43 그리고 정류소 미검출이 무엇을 의미하는지 다른 엔지니어도 설명을 들어야 이해를 했다.

결국 이 그림은 아래 그림과 같이 수정하여 '39와 43번 정류소 사이의 40, 41, 42 정류소가 미검출되었구나'라는 부분이 한눈에 이해되도록 재구성하였다.

이러한 의문점과 개선사항은 엔지니어가 아닌 제안서 작성을 지원해주는 그래픽 디자이너가 의문을 갖고 엔지니어에게 개선 방안을 제시한 것이다.

표가 말하고자 하는 것은
10번 버스 단말기가 111번 노선을 운행하는 데 정류소에 도착하거나 출발할 경우 센터시스템에 관련된 정보를 전송한다. 즉, 1383 정류소를 출발할 때 38번째 정류소이면서 데이터 전송 순서도 38번이다. 39번도 마찬가지다. 그런데 40번째 발생한 정보에 정류장의 순서가 갑자기 43번으로 건너뛰었다. 이것은 중간에 있는 40, 41, 42번 정류소에서 제대로 정보가 전송되지 못한, 즉 정류소 정보를 검출하지 못했다는 것을 의미한다.
이러한 경우 현장 조사를 통해 원인을 파악하고 시스템의 기능을 보완하는 대책을 만든다.

정류소 출발 이벤트 DATA

단말기 번호	노선 번호	차량진출 시간	지점 ID	정류소 순서	발생 순서
10	111	10:54:56	1383	38	38
10	111	10:54:56	1283	39	39
10	111	10:54:56	1521	43	40
10	111	10:54:56	1517	44	41

정류소 미검출

▲ 그림 3-47

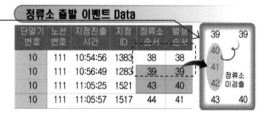

정류소 출발 이벤트 Data

단말기 번호	노선 번호	지점진출 시간	지점 ID	정류소 순서	발생 순서
10	111	10:54:56	1383	38	38
10	111	10:56:49	1283	39	39
10	111	11:05:25	1521	43	40
10	111	11:05:57	1517	44	41

▲ 그림 3-48

수치 정보는 도형으로

어떠한 자료이든 숫자로 표현하는 자료가 많다. 숫자는 대개 과거, 현재 그리고 미래를 나타내는 표현으로서 어떠한 추이, 관계 그리고 흐름을 나타내는 경우가 많다. 이러한 경우, 단순히 숫자를 나열하는 것보다 그래프로 표현하는 것이 효과적이다.

아래 표를 보자.

2015년 12월에 서울시의 몇 개 도로에 어떤 시스템을 설치하고 나서의 효과를 보여준다. 사진을 보면 시스템을 설치하기 전보다 교통 소통이 좋아진 것을 알 수 있다. 그런데 숫자를 한참 바라보아야만 어떤 도로에서는 효과가 크고, 설치가 안 된 도로에서는 오히려 교통 흐름이 더 안 좋아진다는 것을 알 수 있다.

우측 표의 그래프를 보면 도로별의 설치 효과 또는 미설치에 따른 문제점을 한눈에 알아볼 수 있다. 전체 평균은 색깔을 달리해서 개선된 효과를 간단히 설명할 수 있을 것이다.

이러한 장표에서는 개선된 하나하나의 수치보다는 '얼마나 개선되었느냐' 하는 추이를 보여주는 것이 핵심이다. 조금만 신경을 써보자.

스크립트(안)

5개 설치 구간의 도입 효과를 살펴보겠다. 시스템이 설치된 구간에서는 전체적으로 통행 속도가 증가되었으며, 특히 최대 34%까지 속도가 증가되었다. 반면, 미설치 구간에는 오히려 감소된 것을 알 수 있다.

따라서 이 시스템은 통행 속도를 약 17% 이상 개선하는 효과가 있는 것을 알 수 있다.

▲ 그림 3-49   ▲ 그림 3-50

보는 사람의 입장에서 작성하기

ERD(Entity-Relationship Diagram, 개체-관계 다이어그램) 여러 개의 개체들이 어떻게 연관되어 있는지를 다이어그램으로 표현한 도식으로, 아래 ERD 는 서로 관계된 2개의 개체를 갖고 있다.

▲ 그림 3-51

많은 사람들, 특히 우리 같은 엔지니어들은 형식보다는 내용에 더욱 치중하는 경향이 있다. 물론 개발할 때는 매우 중요한 자질이다.

그러나 엔지니어들의 중요한 사명들 중 하나는 엔지니어링의 결과물인 시스템 다이어그램을 제삼자에게 보여주고, 설명 또는 설득할 수 있어야 한다. 같은 값이면 보기 좋게 그려보자. 정해진 기준이나 틀을 따르되, 창의력을 발휘해보자.

아래 그림은 시스템 기능을 구현하기 위한 프로그래밍을 하기 전에 작성하는 ERD 다이어그램이다. 직관적으로 어떤 그림이 보기 편한지 비교할 수 있을 것이다. 물론 설계서에서는 구성이 이보다 훨씬 복잡하다. 제안서에서는 그럴 필요가 없다.

부가적인 사항은 빼고, 핵심만 남겨서 깔끔하게 보이도록 그려보자.

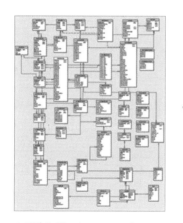

▲ 그림 3-52

VS

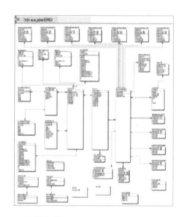

▲ 그림 3-53
동일한 A4 크기의 용지이지만 보기 편하다. 물론 실제 설계서는 좀 더 복잡하겠지만, 제안서에는 가능한 한 간략화해서 표현할 필요가 있다.

공정표 작성하기

일반적으로 SI 사업에서 사용하는 공정표는 간트 차트(Gant Chart) 또는 바
차트(Bar Chart)와 PERT/CPM이 있다.

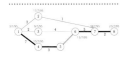

▲ 그림 3-54

퍼트(PERT: Program Evaluation and Review Technique)는 각 업무별로 연
관성을 명확히 알 수 있도록 업무의 흐름을 도식으로 나타낸다. 시간 경과
는 그래픽(Bar) 형태가 아니라 숫자로 표시하므로 한눈에 파악하기는 어려
우나 불확실성, 즉 프로젝트를 지연시키거나 영향을 미치는 요소를 표현
하기가 쉽다. 이러한 퍼트 차트(Pert Chart)에 최상 경로(Critical Path)를 명
확히 표시한 것이 CPM Chart이다. 그러나 작성하기가 조금 까다롭다.

간트 차트 또는 바 차트는 작업 계획과 실제의 작업량을 일정(시간)의 관점
으로 표시하여 계획과 통제 기능을 동시에 수행할 수 있도록 설계된 막대
도표로 작성하므로 운영하기가 쉽다. 특히, 비전문가(발주처의 행정관 등)도
쉽게 알아볼 수 있는 특징이 있다.

제안서를 작성할 때는 주로 간트 차트를 사용하는데, 여기에 퍼트의 기능
을 살짝 가미하면 좀 더 체계적으로 사업 일정을 관리할 수 있다. 아래 예
시를 참조하자.

WBS(Work Breakdown Structure)
실제 이루어지는 세부 업무를 작성

보합 공정표
공종별 누적 금액을 월별로 표시하여 월별 진척 현황을
쉽게 알아볼 수 있다.

퍼프 연계 공정 표시
주요 연관 공정간 연계 상황을 추가로 표시
하면, 리포인트를 명확히 관리할 수 있다.

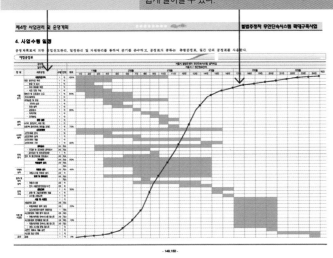

▲ 그림 3-55

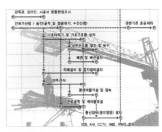

▲ 그림 3-56

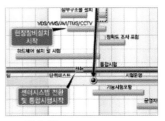

▲ 그림 3-57

아이콘 색상 조정하기

아이콘을 인터넷에서 다운로드하거나 유사 자료에서 복사해서 사용하는 경우가 많다(물론 저작권 여부는 잘 확인해야 한다).

좌측 그림과 같이 검정으로 표현된 출력물을 보면 검은색이 너무 강렬하므로 눈에 거슬리는 경우가 있다. 이때, 전체적으로 다른 색 톤으로 바꾸면 출력물이나 프로젝터 화면에서도 부드럽게 표현될 것이다.

출처:
http://iconmonstr.com

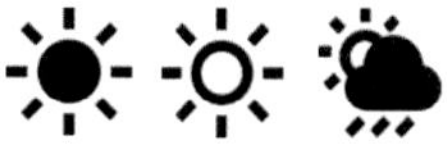

▲ 그림 3-59

① 해당 그림을 클릭한 후
② 마우스 오른쪽 버튼 → 그림 서식을 누른 후
③ 원하는 톤을 선택

필자는 자료를 만들 때 1번(연한 회색) 또는 3번(청색)을 좋아한다. 화면에서도 보기 편하고, 나중에 출력할 경우에도 전체적으로 톤이 일정하다. 이렇게 만들어진 아이콘은 별도 파일에 모아 보관해두면 향후 요긴하게 재활용할 수 있다.

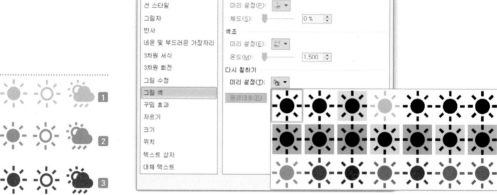

▲ 그림 3-60

▲ 그림 3-58

설계서답게 구성도 그리기

시스템 아키텍처는 시스템을 구성하는 하드웨어나 통신망을 체계적으로 구상한 그림이다. 엔지니어가 아닌 제삼자가 보더라도 전체적인 구성 체계를 알아볼 수 있도록 그리는 것이 중요하다.

아래 그림은 전체 시스템 구성도를 그리기 위한 절차를 보여준다.

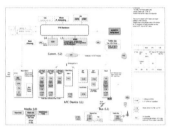 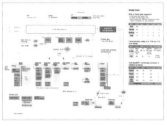 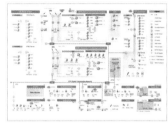

▲ 그림 3-61   ▲ 그림 3-62   ▲ 그림 3-63

Basic Diagram 스케치

- PPT로 초안을 작성
- 우선 전체 구성도를 계층으로 구분
  - Layer 0(Media)~Layer 4(Center)
- 주요 기능을 Box(Block)으로 구분
- 각 블록 간 통신망을 연결
- 우측에는 레이어별 주요 특징과 수량 표시

System architecture

- 전문 디자이너 도움으로 보기 좋게 작성
- 누락, 보완 사항 수정

System configuration

- 각 블록에 대한 세부 구성도 작성
- 각 블록의 내부, 외부의 인터페이스
- 연결도 작성(통신망)
- 범례 표시
- 레이어와 인터페이스 연결망을 기준으로 배치하는 것이 이해하기 쉽다.

아래 그림은 유사한 프로젝트에 대해 서로 다른 제안 팀이 작성한 시스템 구성도이다. 군이 설명하지 않아도 직관적으로 차이점을 알 수 있을 것이다. 이왕이면 좀 더 신경 써서 제대로 그림을 그리자.

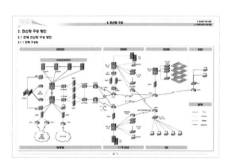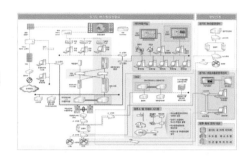

▲ 그림 3-64

▲ 그림 3-65

특별 제안 표현하기

특별 제안은 정해진 사업 예산 범위 내에서 얼마나 추가로 제안하는지를 평가한다. 2000년대 초기에는 참여 업체들이 알아서 제안하다가 어느 순간에 RFP에 하나의 평가 항목(약 5점 정도의 비중)으로 자리 잡게 되었다. 중요한 평가 요소이므로 잘 작성해야 한다. 그렇다면 어떻게 작성해야 할까?

같은 값이면 많고 다양하게(아니, 그렇게 보이도록) 포장하는 요령이 필요하다. 저비용으로 추가하면서, 고객이 미처 생각하지 못한 기능으로 보이도록 설명하여 평가위원들을 설득해야 한다. 이것은 정당한 현혹이라 생각한다.

아래 그림과 같이 예시를 들어본다.

A 사는 얼핏 보아도 많은 기능을 추가 제안하는 것으로 보이지 않은가? 물론 A 사가 수주하였다. 아는 사람이 보면 쇼라고 할지언정 성의는 인정된다. 이렇게 작성했다고 평가 기준이나 법에 저촉되는 것은 아니지 않는가? 엔지니어라고 순수하게만 보지 말고 좀 더 고객지향적으로, 전략적으로 접근하려는 노력을 해보자.

▲ 그림 3-66

▲ 그림 3-67

총 8쪽

▲ 그림 3-68

▲ 그림 3-69

▲ 그림 3-70

▲ 그림 3-71

▲ 그림 3-72

특별 제안 부각시키기

RFP의 요구사항을 제안서에 120% 담았다고 가정해보자. 500페이지 제안서의 어디에 어떤 내용이 담겨 있는지, 추가로 제안한 20%는 어디에 있는지 알아보기 어렵지 않겠는가? 이때 사용하는 방법으로 조견표와 별도 챕터를 만드는 방법을 소개한다.

• 조견표를 1페이지 시작 직전에 삽입해보자

대부분 1페이지는 바라본다. 토익, 수학의 정석, 철학 책 등 앞부분은 거의 한두 번은 바라본다. 여기에 아래 그림과 같은 조견표를 추가해보자.

조견표(早見表, Quick Reference)
각종 정보를 한눈에 볼 수 있도록 작성한 표

'RFP의 요구사항은 이런데요(물론 기준 목차를 따른다). 우리 제안서에는 몇 페이지에 작성했고요, 특히 이런 기능은 RFP 요구에 없지만, 우리 비용으로 추가하겠습니다. 우리의 정성을 높게 평가해주시기 바랍니다….' 라는 의미이다.

• 특별 제안을 마지막 부분의 별도의 챕터로 부각시키자

'제한된 예산이지만 시스템의 효율성을 높이기 위해 별도 비용 추가 없이 봉사하고자 하는 우리의 정성이 담겨진 특별 제안입니다. 우리의 정성을 높게 평가해주시기 바랍니다….' 라는 의미이다.

특별 제안의 효과
RFP 요구사항에는 없는 사항이지만 평가위원과 발주처를 우리 편으로 만들기 위한 좋은 도구이다. 기존에 솔루션을 보유하고 있다면 별도의 원가 상승은 없을 것이다.

그동안의 기술력을 바탕으로 약간의 원가 추가로 발주처와 이용자인 국민은 많은 효과를 볼 수 있다. 같은 값이면 예쁘게 포장해서 어필해보자.

조건표 예시 1

제안서 조건표

평가항목		반영사항	제안서 목차	페이지
사 업 의 이 해 도	사업 목표(정책) 및 내용의 이해도	• 명품을 만들기 위해 : 철저한 준비, 대가의 아이디어, 시행착오 정의 • 본 사업의 필수 역량 : u-City Service의 이해도, 기존 ITS 연계 능력	제안의 일서	1~2
		• u-City 8대 서비스의 완성이자 경기남부권 ITS 통합 사업	1.3 사업추진 목적	8
	현황파악 및 문제파악의 정확성	• 전략 1. 국내외 완벽한 조사와 준비 • 광교신도시 USP 수립 이후에 변경된 정책 및 계획 분석 • 광교신도시와 교통계획이 유사한 신도시 벤치마킹 분석	3. 사업추진 전략	13 13 33
		• 해외 선진 교통 벤치마킹 분석을 포함한 교통현황 분석	1.1 교통현황분석	31~48
		• 완벽한 연계통합을 위한 광교 u-City 사업 및 기구축 ITS 현황분석	1.2 기존ITS 시스템 분석	39~48
추진전략의 창의성		• 본 사업 핵심현안 해결과 목표 달성을 위한 컨셉 - Rainbow U Star Service	3.1 사업추진 컨셉	10
추진전략의 타당성		• 철저한 현황분석을 바탕으로한 5대 사업추진전략 도출	3.2 사업추진 전략	11~12

그림 3-73 ▶

조건표 예시 2

제안요청서(RFP) 요구사항						제안서 반영사항	
요청 내용		복수	반영	개선	추가	제안 내용 요약	쪽수
• 차량검지기(VDS) 및 차량번호인식장치(AVI)에 대하여는 「ITS 업무요령(건설교통부 훈령 제553호」 및 「ITS 성능평가요령(2006.4」의 규정에 따라 "준공전 성능검증"을 수행. "준공전 성능검증"은 성능평가기관에 의뢰하여 수행하여야 하며, 준공시 성능평가기관에서 발행하는 성적서를 제출		13	○			• 준공전 성능검증을 통해 ITS 시설 및 장비(VDS, AVI)가 요구조건의 일정 수준으로 유지하며, 평가기관에서 발급된 결과는 준공시 제출	135
• 동영상정보수집장치(OCTV) 정보는 국가교통정보센터와 연계하여 유관기관(지방자치단체 등)에 제공 할 수 있도록 구축		13	○			• CCTV 정보는 국가교통정보센터와 연계하여 유관기관에 제공 할 수 있도록 구축	135
3. 특별제안							
• 제안요청서에 제시되지 않은 사항으로, 설계서 내용을 토대로 제공과 같은 사항을 포함하여 개선 또는 발전 방안을 제안		14			○	• 센터 운영의 편의성 증진을 위한 특별제안 • 현장설비의 성능 향상을 위한 특별제안 • 운전자 및 시스템의 안전을 위한 특별제안 • 구조물 유지보수 효율성 향상을 위한 특별제안 • 전력/전기 시공 효율성 향상을 위한 특별제안	144 146 147 148 149

그림 3-74 ▶

특별 제안 예시

그림 3-75 ▶

제안서 마무리하기

제안서의 검토 방법

RED팀

제안에 직접 참여하지 않았으며, 제안 및 현장 실무를 경험한 전문가를 뽑아 별도 팀을 만든다. 이들은 제안서를 전반적으로 검토하여 수정, 보완 사항을 빨간펜으로 작성하므로 RED 팀이라 부른다.

제안서를 팀원과 함께 열심히 작성하고 나서 제안 전략이 제대로 반영되었는지, 시각적으로 보기에는 어떤지 제삼자 입장에서 리뷰할 필요가 있다. 이러한 과정은 PM이 전반적으로 검토한 후에 리뷰 전문가(RED 팀)를 통해 상세하게 보완할 수 있다. 여기에서는 각 부문별로 점검할 사항을 제시한다.

제안서 검토 기준		
RFP요구사항/평가 항목 대비		• 빠진 항목은 없는가? • 작성 내용이 다른 사항은 없는가, 특히 숫자는 어떠한가?
전개되는 흐름은		• 전체 및 각 장표별 논리적인 흐름이 맞는가?
작성 내용의 검증		• RFP의 요구사항은 충족시키는가?
		• 구현 가능한 내용인가?
		• 숫자와 모델명은 한 번 더 확인했는가?
		• 기술적/비용적 위험 요소는 없는가?
		• 더 나은 방안은 없는가?
차별화 측면	영업/제안 전략의 반영 여부	〈일반적으로 전략 반영 여부를 확인 가능한 장〉
		• A3 크기로 작성한 페이지(주로 사업추진 전략) 확인
		• 기술 부문의 문제점 인식 및 해결 방안 확인
		• 사업 관리 중 조직 구성 방안/인력 투입방안 확인
		(고객의 숨은 니즈가 무엇인지 사전에 파악)
	핵심 역량(강점)의 반영 여부	〈일반적으로 핵심 역량(강점)의 확인이 가능한 장〉
		• 제안의 특장점이 표시되어 있는가?
		• 유사 사업의 수행 실적 등 우리의 역량이 부각되어 있는가?
		• 고객의 숨은 니즈를 반영하였는가?(인력 투입 방안 등)
각 장표별 검토	리딩 메시지	• 3~5줄 이내로 핵심만 작성했는가?
		• 읽고, 작성자의 의도가 이해되는가?
		• 쉽게 쓰여 있는가?
		• 논리적인 문장 전개인가?

		• 한눈에 작성자의 의도를 이해할 수 있는가?
각 장표별 검토	도식 부분	• 키워드가 무엇인지 파악되는가?
		• 본 목차에 작성될 내용이 맞는가?
		• 논리적인 구조를 갖는가?
		• 지나치게 서술식으로만 작성되지는 않았는가?
		• 소제목으로 구분하는 것이 효과적이지 않은가?
		• 사용된 도형(화살표나 클립아트 등)이 적합한가?
	편집상 문제점	• 제안서 표준 용어는 준수하였는가?(예: 우리 회사를 제안사로 통일하여 작성)
		• 맞춤법은 준수하였는가?
		• 오탈자는 없는가? (예: 구성도 → 구상도, 원활, 역할 등 자주 실수한다)
		• 문장 종결어의 표준은 준수하였는가?(예: 리딩 메시지는 ~하다 또는 ~함으로 통일)
		• Copy의 오류는 없는가?(예: 타 제안서를 Ctrl C/P하면서 과거 내용이 들어감)
	기타 사항	• 제안서의 용어는 전체적으로 통일되었는가?
		• RFP상의 용어(고객이 동일하게 인식하는)를 사용했는가?
		• 전문적인 용어의 문법은 맞는가?

전문 용어 실수 사례
p.5, pp.3~5(여러 페이지)
IoT(IOT) 등

제안 일정 관리의 중요성

제안서 준비 요소 중에 일정 관리의 중요성을 강조하고 싶다. 온갖 정성을 쏟아 제안서를 만들어도 정해진 마감 시간을 지키지 못하면 아무런 소용이 없다.

성공하는 제안의 조건은 정성이다. 정성은 시간을 먹고 산다.

이기는 제안서는 수정을 많이 하고, 개정을 적게 하는 제안서이다. 공통적으로 경험하는 부분은 첫 기획 단계인 제안 전략 부문의 품질이 전체적인 시간에 중요한 영향을 미친다는 것이다. 또한 일정 수립 시 예비일을 확보하여 수정 시간을 확보하는 것이 중요하다. 기획 단계는 20%, 수정 단계는 약 10%의 일정을 확보하자.

수정은 실수를 줄이고, 개정은 큰 틀을 바꾸는 작업이다. 개정은 처음부터 다시 시작하는 것과 같다.

일정 준수를 위해 제안 팀은 기본적으로 전문성을 기반으로 만들어져야 한다. 그러나 경험, 방법 및 견해가 같을 수는 없으므로 제안서의 품질이 다를 수 있다. 특히, 가장 큰 문제는 가장 취약한 팀원 때문에 전체 일정이 어긋날 수 있다는 점이다. PM은 예비 인력을 구상(또는 확보)해 놓고 제안 기간 초반부에 일정을 관리하고 추가 인력 투입 여부를 결정하자.

아래에 세 가지 기본 룰을 제시한다.

킥오프 회의를 통한 룰 공유

제안 전략서를 준비하여 공유하고 합의를 받자, 추가 아이디어 OK! 30일 제안일 경우 5일 이내에 킥오프가 필요하다.
킥오프에는 가능한 모든 관계자를 참여시키자(한 배를 탔다).

킥오프(Kick-off)는 토론자리가 아니다.
방향성과 작성 방안을 지시하는 자리이다. PM의 리더십이 필요하다.

PM의 종합적인 일정 관리

PM은 제안서를 일부만 담당하고, 전체를 관리하자.
뺄 것인지, 예비 인력을 지원할 것인지에 대한 의사 결정을 고민하자. 회의는 정시에, 실무는 미리 협의하여 1시간 이내에 완료하자.

PM은 제안서/설계서의 전략부문 정도를 맡는 것 좋다.
다른 모든 부문과 관계가 있으므로 실무적으로 수시로 소통하기가 쉽다.

제안이 끝나고 난 후

백서 또는 교훈(Lessons Learned)을 만들자.
향후 제안 작업을 더 쉽고 잘 쓸 수 있는지 되돌아보자.

제안서 작성 일정 관리 방법

제안서 준비에는 일정 관리가 매우 중요하다. 혼갖 정성을 쏟아 제안서를 만들어도 정해진 마감 시간을 지키지 못하면 아무런 소용없다.
아래 예시를 보고 세가지를 강조하고자 한다.

제안 일정에 여유를 확보해 놓는다.

주말(7, 13, 14일)은 자율적으로 보충 작업을 할 수 있다. 17, 18일, 아직 수정할 여유가 있다.

일요일에 반드시 교회에 가야 하는 팀원이 있을 것이다.
일정표에 주말에는 아무런 표시를 하지 않는 것이 심리적으로 좋다.

3일차의 킥오프 회의를 잘 활용한다.

스토리보드와 일정을 명확히 공감하는 기회이며, 단합하는 자리이다.

PM이 제안서를 쓰느라 바쁘면 안 된다. 상태를 주기적으로 점검해야 한다.

회의는 가능한 매일 정시에, 지연 대책(인력 추가 투입 등) 수립이 필요하다.

아래는 제안 기간 19일, 26일에 PT하는 일정이다. 실제로는 최소 30일 이상으로 발주가 나온다.

월	화	수	목	금	토	일
1 입찰 공고 RFP 분석	2 RFP 분석 전략 회의	3 스토리보드 킥오프 회의	4 제안 전략 회의	5	6 1차 리뷰	
8	9 2차 리뷰 (RED)	10	11	12 3차 리뷰	13	
15 보완·수정 그래픽 디자인	16 보완·수정 그래픽 디자인	17 최종 리뷰 원가검토	18 최종 검토 인쇄	19 제출 (조달청)	20	
22 PT 자료 작성	23 PT 자료 작성 Review	24 1차 리허설 그래픽 디자인	25 2차 리허설 그래픽 디자인	26 제안설명회	27	

일정 관리표 사례

2. 제안 일정

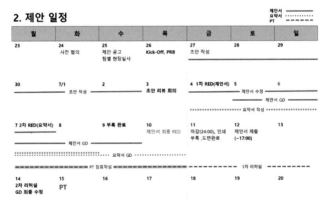

▲ 그림 3-76

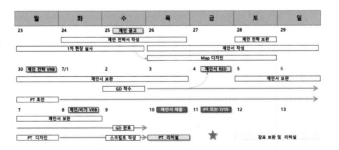

▲ 그림 3-77

제안서 최종 마무리하기

RFP와 제안서의 정합성 확인

제안서 정합성 확인의 목적은 알기 쉬운 제안서, 평가하기 쉬운 제안서가
준비되어 있는지를 확인하기 위한 마지막 절차이다.

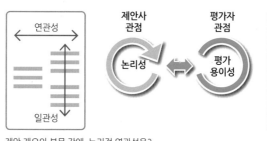

제안 개요와 본문 간에 논리적 연관성은?
표현 수준 사이에 일관성이 있는가?

▲ 그림 3-78

평가자 입장에서
읽기 쉽고 평가하기 쉬운가?

▲ 그림 3-79

제안서, 요약서 등 제출 문서의 정합성을 확인하기 위한 점검 사항의 예시
는 다음과 같다. 각자의 고유한 점검사항으로 개선하기 바란다.

구분		점검사항
요구사항/평가 항목 대비		누락되거나 작성 방향이 틀린 항목은 없는가?
논리적 전개		각 페이지, 절, 장, 부, 사업 전략 간 논리성이 있는가?
작성 내용 검증		요구사항을 충족하며 구현 가능한 기술인가? 기술적/비용적 위험 요인 더 나은 방법은 없는가?
차별화 측면	영업 전략 반영 여부	일반적으로 차별화 요소, 사업 추진 전략, 기술 문제점 해결 방안, 특별 제안 등 경쟁 우위 가능한 부분을 중점적으로 확인하자.
	우리의 강점의 부각 여부	일반적으로 제안의 특장점, 유사 사업 실적, 사업 관리 등 부문에서 확인할 수 있다.
	리딩 메세지 확인	3~5줄 이내로 핵심이 읽기 쉽게 표현되었는가? 문장이 논리적인가? 문장이 구체적인가?('ㅇㅇㅇ는 아래와 같습니다'라는 표현은 지양하자)
	도식화 검토	도식과 키워드가 눈에 잘 들어오는가? 논리적인 구조인가? 도식 내부에 너무 많은 설명이 있지 않은가? 색상과 아이콘들의 일관성이 있는가?
	오탈자 확인	호칭의 일관성(제안사, 폐사, 당사, ㅇㅇㅇ주식회사는 하나로 통일) 맞춤법, 오탈자, 종결 어미의 일관성 등(있다-있음) 복사(copy)한 내용의 경우, 오류는 없는가?(회사, 지역, 날짜를 그대로 사용하는 경우)
그냥 넘어가기 쉬운 사례		RFP상의 용어 적용, 제본크기(A4, Letter size 등) 추가 확인 필요

제안서 제출

제안서는 정해진 마감 시간 전에 담당자에게 제출해야 한다. 늦으면 아무런 소용이 없다. 제안서를 인쇄하고 제출한다고 해서 팀의 경험이 없는 막내에게 대충 마무리시키다가 낭패를 겪을 수 있다. 그렇다면 고민할 사항은 무엇일까? 우선 RFP의 요구 조건을 확인하고 거래하는 인쇄소 담당자에게 미리 준비를 시키자.

○ **인쇄 형식**
- 크기: A4 (210×297mm)
- 표지: 백색아트지 200g/㎡ 무광택, 첨부된 표지 양식 사용
- 본문: 백상지 80~100g/㎡(본문에 사진을 포함하여 문서 작성은 할 수 있으나, 흑백이어야 하며 인화된 사진을 부착하여서는 안 됨.)
- 간지 색상은 연녹색(Green)으로 하며, 1쪽으로 인정하지 않는다.
- 그림, 표 등의 삽입으로 A4 이상 규격 용지를 사용할 경우에는 수평 방향으로만 허용하고 최대 A3 규격을 초과하여 사용할 수 없으며, 인쇄는 단면으로 하고 연번으로 아래와 같이 표시하여야 한다.
  페이지, 페이지 +1, ·(예) -9, 10-
- 쪽수를 산정할 때 목차는 쪽수에 포함시키지 않는다.
- 제본: 무선철 제본

특히 무선철 제본(떡제본이라고도 표현함)의 경우, 본드가 마르는 시간을 충분히 확보하자. 참고로 미주 지역의 제안서 크기는 A4가 아니라 레터 사이즈(Letter Size)이므로 주의가 필요하다(나중에 템플릿 크기를 수정하려면 무척 힘들다).

이동할 때에는 라면 박스에 대충 넣지 말고, 제대로 된 박스를 미리 준비하자. 이동 중 흔들리지 않도록 내부의 빈 공간에 완충제도 넣어주는 것이 좋다.

제본 양이 많은 경우, 인쇄소 기계의 문제점 발생에 대비하여 플랜 B를 준비해야 한다(인쇄소끼리 협업하는 경우가 있지만, 미리 준비해 놓아야 함).

인쇄소에서 제본된 제안서를 인수해서 제출하러 가기 위한 이동 경로와 예상 문제점을 미리 파악하고 대안을 세워 놓자. 이 경우 예상치 못한 문제가 종종 발생한다.

결론적으로 충분한 시간, 즉 예비 시간을 확보하여 여유를 갖는 것이 중요하다는 점을 다시 한 번 강조하고 싶다.

과거에 급히 무선철 제본을 하였으나, 충분히 마르지 않은 상태에서 이동하는 바람에 제안서가 틀어지고 펼치면 완전히 벌어지는 사례도 있었다. 충분한 시간을 확보하자.

박스에 사업명, 내용물, 회사 로고를 스티커로 부착하면 성의가 있다는 평을 받는다.

파나마(Panama)에서 인쇄소를 가는데, 교통 파업으로 인해 뛰어가서 작업한 경험이 있다. 다행히 그동안의 경험을 통해 미리 예비 시간을 확보해 놓았다.

악마는 디테일에 숨어 있다. 작은 것도 우습게 보지 말자.

보기 좋고 읽기 편한 글쓰기 사례

쉬운 표현 사용하기

타 지자체에서 구축, 운영 중인 정류소 안내기의 운영 사례를 분석하여 문제점을 도출하고, 이에 대한 개선점을 제시하여 이용 승객들에게

⌄

카피라이터

타 지자체에서 기 구축한 정류소 안내기의 운영 사례를 분석하여 문제점을 파악하고, 그에 대한 개선점을 제시하여 이용 승객들에게

말허리를 자르지 말기

이 책의 본문은 일반적인 도서의 형태를 띠고 있지만, 제안(서)(나) 요약서의 문장의 한 줄은 하나의 완성된 단어로 끝내고 (줄)(을)바꾸는 형태로 작성하기 바란다.

⌄

이 책의 본문은 일반적인 도서 형태를 띠고 있지만, 제안서나 요약서의 문장의 한 줄은 하나의 완성된 단어로 끝내고 줄을 바꾸는 형태로 작성하기 바란다.

능동태로 사용하기

PT는 사람들에게 어렵게 느껴진다. ❭ 사람들은 PT를 어렵게 느낀다.

운영비 절감은 클라우드 도입으로 실현된다. ❭ 클라우드 도입으로 운영비를 절감한다.

문장에는 하나의 개념 사용하기

(출처:『한국의 이공계는 글쓰기가 두렵다』이재춘, 영남대학교 교수)

전셋값이 천장부지로 치솟아 서민에게 고통을 안겨주고 있는 가운데 A 건설회사는 분양가가 기존 아파트 전셋값보다 싼 아파트를 서울에서 내어놓아 많은 사람의 관심을 끌고 있다.

분양가가 기존 아파트 전셋값보다 싼 아파트가 서울에서 나왔다. 전셋값이 치솟아 고통을 받고 있는 서민들은 A 건설회사가 선보인 이 아파트에 많은 관심을 표명하고 있다.

간결한 리딩 메시지

(출처:『한국의 이공계는 글쓰기가 두렵다』이재춘, 영남대학교 교수)

환경오염의 측정 및 제어를 위한 환경가스의 다이내믹 모니터링 시스템 신기술을 개발

⌄

환경오염 가스 실시간 측정 시스템과 소형 센서 및 장비 개발

중복된 단어 정리하기	품질 보증 목표를 준수하기 위하여 품질 계획, 품질 요건과 목표를 수립하고, 품질 조직의 엄격한 관리하에 지속적으로 품질 관리 수행
	∨
	품질 보증 목표를 준수하기 위해 품질에 대한 계획·요건·목표를 수립하고, 품질 조직의 엄격한 관리하에 지속적으로 품질 관리 활동을 실시한다.
	∨
	성공적인 사업 추진을 위해 다양한 이해 관계자들의 의견을 효과적으로 수렴하기 위한 온라인 채널을 확보하고 관련 기관과의 협업 체계를 구축
	∨
	성공적인 사업 추진을 위해 이해 관계자들의 의견을 효과적으로 수렴할 수 있는 온라인 채널을 확보하고, 관련 기관과의 협업 체계를 구축
수식어의 위치	최적의 정류소 안내기 지점 선정으로 효율적인 정류소 이용 현황 조사
	∨
	정류소 안내기의 최적 지점 선정으로 정류소 이용 현황을 효율적으로 조사
불필요한 조사	본 사업에 있어서 ❭ 본 사업에서는
	본 사업은 ~ 목적에 의해 정한 ❭ 본 사업은 ~목적에 따라
	정부에 의해 운영되던 ~ ❭ 정부가 운영하던 ~
정확하고 구체적으로	만족도가 월등히 낮았다. ❭ 만족도가 40%로 월등히 낮았다.
	대부분의 서울 시민이 ~ ❭ 400만 시민이 ~
	절반이 못 되는 업무 비중을 ~ ❭ 업무 비중을 43%에서 ~

이밖에도 띄어쓰기, 맞춤법, 동음이의어, 외래어 등을 바로 알고 사용하자.

프레젠테이션 실무

그동안 열심히 제안서를 준비해서 제시간에 제출 완료하였고, 이제 남은 것은
최종 평가를 받는 프레젠테이션이다.

프레젠테이션 자료의 준비와 발표 그리고 질의 응답 모두 가장 중요한 단계라
고 할 수 있다. 프레젠테이션 자료의 준비, 작성 방법 등에 관련해서는 시중에
관련 책자가 많이 출간되어 있으므로 여기에서는 실무적으로 중요한 사항을
요약해서 보완하고자 한다.

내용을 설명하기 전에 퀴즈를 하나 풀어보자.
아래와 같이 숫자 1보다 아주 약간 큰 숫자인 1.023456789를 계속 제곱해 나
가 보자. 10번째와 11번째는 얼마가 될까? 숫자가 엄청나게 커진다.

프레젠테이션은 쉽지 않다.
그러나 조금씩 계속 연습해 나가면 조만간 전문가가 될 것이다.

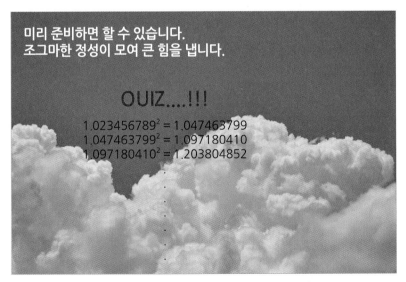

미리 준비하면 할 수 있습니다.
조그마한 정성이 모여 큰 힘을 냅니다.

OUIZ....!!!

$1.023456789^2 = 1.047463799$
$1.047463799^2 = 1.097180410$
$1.097180410^2 = 1.203804852$
·
·
·
·
·
·
·

▲ 그림 3-80

아래 퀴즈와 같이 작은 연습이 쌓이면 엄청난 실력으로 보답한다. 10,000시간까지 안 가도 된다.

10번, 11번 반복하면 얼마나 될까?
(답은 다음 페이지에)

프레젠테이션의 이해

프레젠테이션의 중요성

사업자 신징을 위해서는 좋은 점수를 받아야 한다. 평가장에서 프레젠테이션의 중요성은 아무리 강조해도 지나치지 않다. 그렇다면 누가 평가를 하고, 어떤 분위기일까? 어떻게 해야 할까?

프레젠테이션에 부문 전문가들이 참여하는 경우가 많지만, 특정 사업 분야에 대한 이해가 부족한 경우가 적지 않다. 또한 평가 시작 1~2시간 전에 평가장에 도착하게 되므로 200~300페이지의 제안서 3~4권(참여 회사 숫자에 따라)을 약 1시간 이내에 읽고 비교·분석하여 순위를 정하기는 쉽지 않다.

따라서 제안서를 대략 훑어보고, 해당 전문 분야에 대한 질문 사항을 머릿속에 준비한 후에 PT를 보고 순위를 결정하는 분위기이다(필자도 과거 경험으로 볼 때 그럴 수밖에 없는 상황이었다).

이런 상황을 고려해서 제안서와 프레젠테이션을 준비할 때, 아래 그림과 같이 EDPS의 전략 방향을 최적으로 생각하고, 필자 또한 이런 전략으로 진행하여 좋은 결과를 많이 얻었다. 평가자들도 인간이라는 점을 잊지 말자.

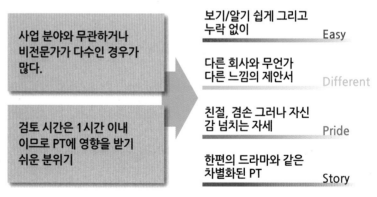

▲ 그림 3-81

답: 20,472,904,641/ 419,139,824,436,089,000,000,000

프레젠테이션 순서에 따른 전략 수립

먼저 발표할 때와 나중에 발표할 때 전략을 다르게 만들라고 하는 이야기가 많다.
사실, 일반 전문가도 하기 어렵다. 제안 전략에 준비한 대로, 리허설에서 연습한 대로 자신 있게 하자.

발표 순서는 그때그때 다르다. 아마 당일에 알려주는 경우가 많을 것이다. 먼저 하든, 나중에 하든 당황하지 말고 준비한 대로 발표하면 된다. 다만, 아래와 같은 전략으로 발표해보자.

먼저 발표한다면 연습한 대로 자신 있게, 나중에 한다면 차라리 1~2분 일찍 끝내자.

ㅇㅇㅇ페이지를 보면 본론(기술 부문)과 사업 관리가 있는데, 대부분 다른 회사들도 비슷할 것이다. 여기는 좀 빨리 넘어가도 된다. 이때 '제안사는 RFP에서 요구하는 조건들을 만족하였고, 앞서의 발표에서 유사한 설명을 들으셨을 것이므로 특징적인 부분을 요약해서 설명드리고자 합니다'라고 말해보자.

프레젠테이션 준비를 위한 도구

PPT 외에 몇 가지 툴이 있다.

1. Apple Keynote
멀티미디어, 애니메이션 교과 등 시각적인 기능이 우수하고 PPT와 호환성이 있다.

2. Prezi
브레인스토밍과 같이 아이디어에 살을 붙여 나가는 스토리텔링 방식으로 발표하기에 좋다.

3. Google slide
문서 작성, 엑셀, 프레젠테이션의 기능을 제공하는 간단한 PPT로, PPT나 PDF와 공유하기가 좋다.

프레젠테이션 자료를 준비할 때 가장 많이 사용하는 툴은 역시 파워포인트(PPT)이다. PPT 이외에도 여러 가지 도구가 있지만, PPT가 가장 범용적이고, 필자도 그동안 PPT만 사용해왔다. 여기에서는 PPT를 기준으로 설명하고자 하니 양해 바란다.

PPT에 추가로 각종 도식 템플릿과 사진, 동영상 그리고 PPT의 애니메이션 기능을 조합하면 나름대로 멋진 프레젠테이션 자료를 만들 수 있다.

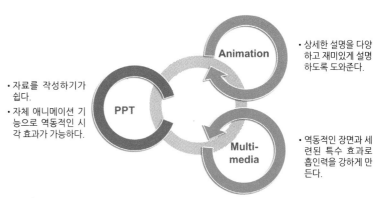

▲ 그림 3-82

팔팔한 프레젠테이션을 위한 팁

발표자 8대 준수사항

1. 발표 기획 회의에서 필승 발표를 위한 발표 전략을 수립하라.
2. 발표 자료의 논리성·가독성을 평가위원의 관점에서 점검하라.
3. 발표 자료에 업무·기술상의 핵심 이슈 및 구현 방안을 포함하라.
4. 설명회 시에 강조할 차별화 요소 및 역량을 선정하라.
5. 시나리오는 발표자가 직접 구상하여 작성하라.
6. 리허설은 관련자가 참석하여 실전처럼 철저히 검증하라.
7. 예상 질의 응답서를 작성하고, 분야별 담당자를 지정하라.
8. '나는 이 사업을 수주하여야 산다'라고 생각하고 준비·발표하라.

여기의 3가지 내용은 회사 내에서 여러 사람이 주장한 내용을 일부 편집하여 정리하였다. 항상 새겨두고 기억할 만하다.

독자가 만일 학생 또는 투자사업자라면 10·20·30프레젠테이션 법칙을 참조하면 좋을 것 같다.

– 슬라이드는 10장 이하로 청중은 발표자의 이야기를 10개 이상 기억하기 어렵다.

– 20분 이내에 발표를 끝내라 보통 사람들의 집중력은 20분을 넘지 못한다.

– 글자는 30포인트 이상 크기로 청중은 발표자가 말하는 것보다 글을 빨리 읽는다.

출처: 가이 가와사키, Canva의 에반젤리스트

베스트 프레젠터의 자세

1. 평가위원에게 주고 싶은 당신의 첫인상은?
2. 언어는 부정적 표현보다는 긍정적으로, 간결하게
3. 목소리는 적당한 속도로 힘 있고, 명확하게
4. 시선은 평가위원을 피하지 말고 골고루 눈 맞추기
5. 태도는 공손하고 여유 있으며 자신감 있게
6. 복장은 맵시 있고 깔끔하게
7. 적절한 보디랭귀지로 전문가답게
8. 칭찬은 코끼리도 춤추게 한다는 것을 명심

PT 진행 요령

1. 평가위원을 무엇으로 감동시킬 것인지 고민
2. 평가위원을 사로잡는 오프닝을 준비
3. 각 장마다 선사할 핵심 키워드를 선정
4. 난해한 기술적 설명은 사례를 제시
5. 각 장의 연결은 물 흐르듯 진행
6. 대단원 변경 시는 2~3초 간격의 여유
7. 맺음말은 완벽하게 연출
8. 응답 시 긍정적인 용어를 사용

프레젠테이션 자료 준비하기

▲ 그림 3-83

나는 들었다. 그리고 잊었다.
나는 보았다. 그리고 나는 기억
한다.

I hear and I forget.
I see and I remember.

– 공자(출처는 불분명하다는
설)(https://simple.wikiquote.
org)

프레젠테이션 자료 준비하기

프레젠테이션을 할 때 의사 진달의 효과는 시각 자료가 가장 높다. 그만큼 장표를 만드는 단계가 매우 중요하다. 프레젠테이션 준비를 할 때 듣는 이야기가 많다. 모두 좋은 말이다. 명심하자.
프레젠테이션의 슬라이드는 읽는 것이 아닌 눈으로 보는 것이다.

> 간결성: 필수적인 것만 간결하게
> 편의성: 보기 편하게
> 직독성: 한눈에 볼 수 있게

슬라이드를 시각화하는 기본 원칙은 쓰고 싶은 내용이 아니라 평가위원이 (일반 PT의 경우는 교수님 또는 청중) 봐야 할 내용만 적는 것이다.

숫자와 문장으로만 작성하지 말고, 흐름(관계나 추이 등 스토리라인)을 갖고 글자는 도형, 숫자는 그래프, 전체적인 맥락은 도식(Diagram)으로 표현하자. 그리고 시중에 나도는 프레젠테이션과 약간 다른 전개 방식을 지적해야겠다.

일반적인 설명형이나 엔터테인먼트형 PT에서는 결론–본론–결론의 형식으로 권고하고 있다. 제안 PT에서는 소수의(6~9명)의 전문가들 앞에서 하므로 본론을 핵심 과제로 선정하여 전략을 짜는 것이 효과적이다.
가장 기본이 되는 RFP, 즉 발주처를 충분히 이해하고, 이를 바탕으로 이렇게 특히 추가적인 제안을 포함하였고, 면밀한 사업 관리 역량을 총동원하여 과업을 성공적으로 완수하겠다는 의지를 보이는 형식을 말한다.
아래 그림을 참조해보자.

• 서론: 과업을 충분히 이해하고 전략을 수립
• 본론: 이를 통해 핵심과제를 선정하였고
• 본론: 가치를 높이기 위해 추가 제안을 하였다.
• 본론: 그뿐만 아니라 완벽한 사업 관리를 통해
• 결론: 과업의 성공적인 완수를 위한 우리의 역량과 의지를 총동원하겠다.

◀ 그림 3-84

프레젠테이션 도식화

도식화 준비하기

장표를 한 번에 시각적으로, 즉 도식화하여 표현하기는 쉽지 않다.

그러나 다음과 같은 프로세스를 나름대로 준비해 놓고 연습한다면, 그리 어렵지만은 않을 것이다. 처음은 어렵지만 몇 번 연습하고, 시행착오를 겪은 후에 나만의 프로세스를 만들어가기 바란다.

참조자료
『비주얼씽킹으로 하는 생각정리 기술』(온은주)
『도해력 사고』(정지역 역)

1. 펜으로 스케치, 보완한 후에 PPT로 옮기기
• 노트에 선, 사각형, 원형 등을 이용하여 주제에 대한 설명을 논리적으로 스케치해보자.
  : 현실과 이상에 대한 차이를 해소하기 위한 제안
  : 입력 대비 원하는 출력을 만들어가기 위한 제어 조건

2. 프레젠테이션 베스트 프랙티스(Best practice)를 모은 데이터베이스 만들기
• 스케치를 하기 전에 먼저 많은 좋은 사례를 모아서 공부해두기 바란다. 이러한 능력은 하늘에서 뚝 떨어지는 것은 아니다.
• 국내외, 경쟁사 자료 등의 자료를 모으고, 특히 외부 전문가들로부터의 의견을 함께 받아두어 가장 우수하다는 평을 받은 자료를 벤치마킹해보자.

3. 각종 도식 모형, 아이콘 등을 모은 데이터베이스 만들기
• 1항에서 그린 스케치를 PPT로 이동해서 실제와 같이 그려보자.
• 필요 시 그래픽 디자인 전문가 도움을 받아 좀 더 다듬는 것이 좋다. 그러나 이러한 데이터베이스가 있다면 나 혼자 프로답게 만들 수 있다.

프레젠테이션 도식화 사례

장표를 만들 때 글로 적는 것이 사실 편하다. 그러나 평가위원, 청중은 일일이 읽지 않는다. 특히 스크린 화면에 글자가 많으면 갑갑해 보이고 뒤에 앉은 사람은 더더욱 불편하게 만든다.

문장은 시각 정보가 아니다. 정보의 관련성을 간단하게 표로 도식화하면 보기에도 좋고, 특히 발표자가 설명하기 편하다. 몇 가지 사례를 참조해보자.

구조적인 도식화 표현

제안 업무 효율화 방안

팀원들이 경험이 부족해서 제안서 작성 업무가 효율적으로 이루어지지 못하고 있습니다. 그래서 이 문제를 해결하기 위한 해결책으로 제안 업무 표준 매뉴얼 작성을 제안합니다.

가능하면 이 부분은 '닦아내기-좌측에서'로 애니메이션을 추가하면 효과적이다.

▲ 그림 3-85

핵심을 요약하는 그림의 표현

좋지 않은 사례

문장을 장표에 써 놓고 그대로 읽어 내려간다면 시각 정보라고 볼 수 없다.

▲ 그림 3-86

좋은 사례

취약 계층 중심에서 일반주민으로 서비스 대상 확대

▲ 그림 3-87

가독성을 높이는 도식화 예시

▲ 그림 3-88

한글과 외국어의 문장 길이를 고려하자

한글의 우수성은 아무리 강조해도 지나치지 않다. 음소 문자로서 많은 의미를 간단한 단어와 문장으로 쉽게 표현할 수 있으므로 컴퓨터 세상에 적합한 글자로 알려져 있다. 따라서 시스템을 설계할 때 필요한 스케치, 즉 각종 도식 모형에 간단하게 표현할 수 있다.

한글-영어의 상대 비교 자료는 많이 알려져 있으므로 다른 언어를 비교한다.

그러나 우리가 해외 사업을 진행할 때는 고객의 언어로 표현해야 할 경우가 많다는 점을 고려하여 자료의 표현 전략을 수립해야 한다. 즉, 한글로 1줄을 쓸 때 외국어는 1.5~2배 이상 늘어난다는 점을 고려해야 한다.

한글, 영어와 스페인어의 비교

스페인어는 약 4.5억 명 이상이 사용하고 있으며, 전 세계의 언어 중 가장 빠른 속도로 확산되고 있는 언어이다(즉, 사업성이 있다는 이야기이다). 영어로 한 문장일 경우, 스페인어로 번역하면 약 30~50% 늘어지는 경향이 있으므로 문서 작성 시 주의할 필요가 있다.

실제 한글, 영어 및 스페인어 표현의 길이를 비교해보자.
한글   : 무정차 서비스 제공
영어   : Providing free-flow service
스페인어: Proveer un servicio libre de tráfico

따라서 프레젠테이션 자료의 리딩 메시지, 도식 내부에 문장을 작성할 때는 반드시 30~50% 늘어날 경우를 고려해야 한다.

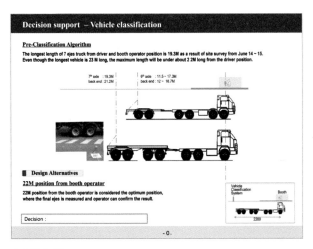

▲ 그림 3-89

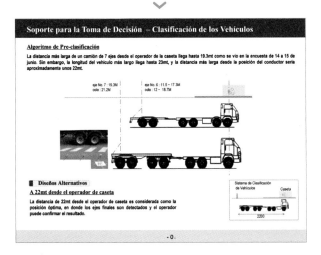

▲ 그림 3-90

한글과 프랑스어의 비교

UN에서 영어와 함께 가장 많이 사용하는 프랑스어도 무척이나 힘든 언어이다. 발음뿐만 아니라 한글로 어떠한 기술적인 표현을 할 경우, 통역 시간이 2배 이상 걸린다. 그래서 때로는 '잘못 설명하고 있는 것인가?' 하는 오해가 생기기도 한다. 따라서 프랑스어는 한글 표현 대비 2배 이상 늘어날 경우를 고려해야 한다.

실제 한글, 영어 및 스페인어 표현의 길이를 비교해 보자.

한글　　：사업 범위 내 모든 도로의 이용 방법의 개선

영어　　：Improvement of a method of use of all roads in the Project.

프랑스어：Amélioration d'une méthode d'utilisation de l'ensemble de routes dans le cadre du Projet

▲ 그림 3–91

▲ 그림 3–92

영어와 아랍어의 비교

최근에는 저유가에 의해 시장이 침체 분위기이지만, 발전 가능성이 큰 시장이다. 아랍어는 배우기 가장 어려운 언어 중 하나이므로 많은 주의를 기울일 필요가 있다.

▲ 그림 3-93

전 세계 언어의 사용 현황

2015년 현재 전 세계에는 237개의 국가(세계 은행 통계로는 229개국)와 약 7,424개의 언어가 존재한다. 이 중에 인구 5,000만 명 이상이 사용하는 언어는 23종이다. 한국어는 남북한, 중국, 일본, 러시아에서 약 7,700만 인구가 사용하고 있다.

국가별의 대표적인 언어는 역시 영어로, 약 110개국에서 사용하고 있으며 아랍어, 프랑스어, 중국어, 스페인어 및 페르시아어가 상위를 차지하고 있다. 사용 인구 측면에서 보면 영어, 프랑스어, 중국어, 스페인어 및 독일어 순이다. 이밖에도 공용어인 힌디어(물론 영어도 있지만)도 배우기가 매우 어렵다는 문제가 있지만, 최근 신규 시장으로 떠오르는 인도 시장도 주시할 필요가 있다.

이러한 추세는 향후 시스템 엔지니어들이 해외로 진출할 경우 언어의 습득, 특히 시스템 설계 및 프레젠테이션 관점에서 접근하는 방향을 제시하고 있다.

사업 일정 표현하기

사업 추진 일정을 설명하는 한 장의 장표에 무엇을 어떻게 담아야 할까? 과거에 필자가 경쟁사의 장표를 보고 많이 배운 사항이다.

일반적으로 한 장의 장표에 전체적인 사업 추진 일정을 바 차트로 그리고 약간의 특이사항을 표현하는 정도로 넘어갔다. 종종 전체적인 공정 진척도를 곡선으로 표현하기도 했다(상단 그림).

그러나 발주처나 평가위원의 관심사항은 기본적인 사업 일정은 그렇다 치고, 혹시 시행착오를 겪어 전체적인 공정이 지연될 경우, 어떤 대책을 갖고 있을까 궁금해한다. 즉, 사업 리스크를 어떻게 최소화할 것인지에 관심이 많다.

전략적인 사업 추진 일정표

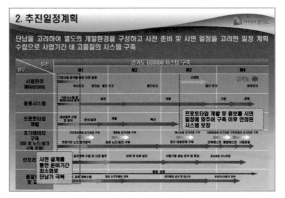

◀ 그림 3–94

VS

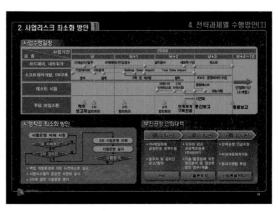

• 사업 수행 일정
• 시행착오 최소화 방안
• 부진 공정 만회 대책

◀ 그림 3–95

발표 시간 관리하기

일부 프레젠테이션 관련 서적에서는 장표 한 장에 대한 설명은 2~3분 이내로 하는 것이 좋다고 제시한다.

일반적으로 대부분의 프레젠테이션은 15분 전후로 지정한다. 여기에 질의 응답을 5~15분 정도를 할당하여 30분을 넘기지 않는다.

우리가 하는 프레젠테이션은 일반적인 발표와 달리 5~7개 분야에 대해 우리 팀원들이 작성한 수백 페이지에 달하는 제안서의 기술, 사업적인 내용을 15분 동안 발표해야 한다. 몇 페이지가 적당할까?

필자와 동료(경쟁사 포함)의 경험상 30페이지 이내가 적정하다고 생각한다. 아래 예시를 살펴보자.

 VS

▲ 그림 3-96   ▲ 그림 3-97

－ 총 35페이지, 본문만 27페이지다.

실제 발표시간 14분(840초)에 27페이지를 설명해야 한다. 페이지당 약 31초인 셈이다. 말이 빠르면 해야 할 이야기는 하고 넘어갈 수 있다. 그런데 페이지와 페이지를 넘어갈 때 침을 삼키거나 호흡을 가다듬는 시간 약 3초가 소요된다면 거의 1분 이상이 지나가게 된다. 결국 뒷부분은 건성건성 넘어가는 경우가 많다. 과거에 모 프로젝트의 PM은 15분 발표에 무려 65페이지를 준비했다. 'ㅇㅇ 사항은 제안서와 배포된 자료를 참조하세요'라고 하면서 수십 페이지를 진행했다.

－ 총 25페이지, 본문만 17페이지다.

실제 발표 시간 14분(840초)에 17페이지를 설명해야 한다. 페이지당 약 50초가 적당하다. 페이지를 전환할 때 한 박자 쉬고, 중요한 부분은 조금 길게 발표하고 충분한 발표 전략을 수립하고 여유 있게 발표한다. 다만 장표에 담지 못한 내용은 제안서에 반영되지 않은 것으로 오해할 수 있다.

발표 시간 분배하기

앞에서 15분 발표에 평균 약 30페이지가 적당하다고 설명하였다. 평균적으로 1분에 약 2페이지이다. 그러나 중요한 부분에서는 좀 더 시간을 할당하는 것이 좋다. 사전에 전체 장표에 대한 시간 예산을 분배하고 개인 연습 또는 리허설을 진행할 때 스크립트를 조정하면서 시간을 조절하자.

필자는 꼭 1분 정도의 예비 시간을 둔다. 발표를 시작하면 약 1분 후부터 리듬을 찾게 되고, 대부분의 경우 속도가 느려지는 경향이 있다는 것을 파악했다. 각자의 리듬을 확인하고 시간 전략을 수립하기 바란다.

• 도입부	**2분**	　3쪽
• 사업 개요, 전략	**4분**	　8쪽
• 본론, 기술 제안	**5분**	　10쪽
• 사업 관리	**1.5분**	　3쪽
• 마무리	**1.5분**	2쪽　✓ 표지 및 간지 포함 총 30쪽
• 예비	1분	

▲ 그림 3-98

도입부에는 인트로(Intro) 동영상(실적 소개 등), 중간 부분에는 샘플이나 별도의 자료(브로슈어 등)를 제시하고, 마무리에는 도입 효과를 동영상으로 만드는 방법을 사용했다. 단, 이 부분에서 너무 시간을 끌면 주제가 분산될 수 있으므로 20~30초 이내로 집중할 필요가 있다.

지루하지 않게 발표 시간 분배하기

15분이라는 시간은 의외로 길다. 특히 발표 내용이 별로 없거나 발표자의 발언 톤이 작을 경우, 듣는 입장에서 자칫 매우 지루해질 수 있다. 도입부가 끝난 후, 본론 부분 그리고 마무리하기 전에 시선을 모을 수 있는 아이템이 필요하다.

시간 관리를 위한 장표 활용 팁

독창적인 삽화 활용 사례

시각 정보를 독창적으로 만들어 제시하면 구구절절하게 설명하는 수고를 덜고 상대방에게 메시지를 빠르게 전달할 수 있다. 사진을 활용하거나 전문 그래픽 디자이너의 지원을 통해 멋진 삽화를 그려 넣으면 더욱 좋다.

이러한 삽화는 별도의 파일에 모아 나만의 데이터베이스를 만들어 놓자. 비용과 시간을 줄이고 제안과 PT의 품질을 높일 수 있을 것이다.

▲ 그림 3-99

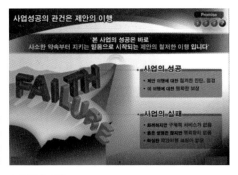

▲ 그림 3-100

배포 자료의 전략적 활용

평가위원에게 배포하는 출력물은 첨부 자료를 포함해서 약 30~50페이지가 될 것이다. 컬러 출력을 하고 링 바인딩(Ring Binding)을 해서 제출하는데, 한쪽 면은 그냥 놀려두는 경우가 대부분일 것이다. 이 부분을 활용한다면 효과가 좋지 않을까?

그리고 시스템 아키텍처와 같은 구성 드림은 A4 크기로 조금 부족한 경우가 있는데, 조금 크게 하면 어떨까? PT 배포 자료는 크기에 대한 규정은 없다. 다양한 아이디어를 생각해내어 최대한 활용해보자.

펼쳤을 때 노는 면에 보충 설명 자료를 넣어보자.　　　　　　　　A4보다 큰 용지가 필요하면…

접는
부분

▲ 그림 3-101　　　　　　　　　　　　　　　　▲ 그림 3-102

동영상 활용 사례

　PT에서 동영상은 계륵 같은 존재이다. 잘못 적용하면 역효과가 발생하는 경우가 많다. 일반적으로 ICT 기기의 실제 운용 상황, PT에서는 시작할 때

VOC
Voice of Customer

회사 소개, 또는 마지막 부분에 우리의 각오나 목표하는 시스템의 운영 모습을 비디오 또는 플래시로 만든다. 청중을 설득시키는 큰 요인 중 하나가 VOC(고객의 소리이다)인데, 이때 글뿐만 아니라 영상을 활용하는 것이 효과가 좋다.

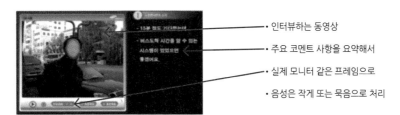

- 인터뷰하는 동영상
- 주요 코멘트 사항을 요약해서
- 실제 모니터 같은 프레임으로
- 음성은 작게 또는 묵음으로 처리

▲ 그림 3-103

애니메이션 활용 사례

문자(또는 문장), 아이콘, 그림 등 중에 강조할 사항에 대해서는 애니메이션을 통해 시선을 집중시킬 필요가 있다. 파워포인트의 애니메이션 기능에는 나타내기, 강조, 끝내기, 이동 등과 같은 다양한 기능이 있다.

▲ 그림 3-106

필자는 그동안 나타내기, 밝기 변화, 닦아내기, 깜박이기를 주로 사용하였다. 비즈니스 관련 PT에서는 날아오기 등과 같은 기능은 삼가는 것이 좋다. 예를 들면, 강조하고 싶은 경우 점선을 나타내기, 2회 깜박이기 정도 또는 표의 경우 닦아내기 정도만 해도 시선을 끄는 효과가 있다.

점선의 나타내기 및 깜박이기

▲ 그림 3-104   ▲ 그림 3-105

▲ 그림 3-107

표를 위로 닦아내기

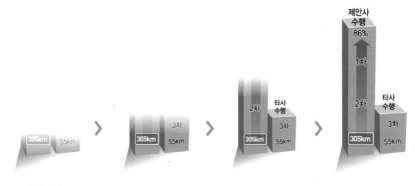

▲ 그림 3–108

10초 룰을 고려한 그래프 그리기

표를 포함한 도식을 표현할 때에는 전달하고자 하는 한두 가지 핵심 메시지를 가능한 한 단순화하여 표현하는 것이 좋다. 우리가 제시하는 솔루션이 독특하고, 바람직하고, 효과적이라는 점을 10초 안에 표현해보자.

아래 그래프의 경우, 단순히 '연도별로 매출을 올리고 있다'거나 '2015년도에는 메르스(MERS) 사태로 인해 매출이 줄었지만, 올해는 380억 원의 매출을 올렸다'는 내용은 일부러 설명하지 않아도 좋다. 중요한 사항은 사업을 시작한 2013년 중반기 대비 올해 2사분기에 이미 171%의 성장을 달성했다는 점을 어필하는 것이 효과적일 것이다. 경영자라면 이러한 핵심사항, 즉 결론을 먼저 듣고 싶어할 것이기 때문이다.

상대방에게 전달하고자 하는 핵심 메시지를 그려보자. 설명하기가 쉬울 뿐만 아니라 '171% 성장'이라는 표현이 상대방 머릿속에 오랫동안 남을 것이다.

일반적인 나열식 그래프   10초 룰을 적용한 그래프

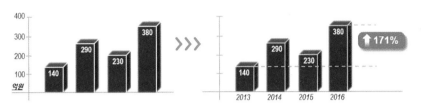

▲ 그림 3-109   ▲ 그림 3-110

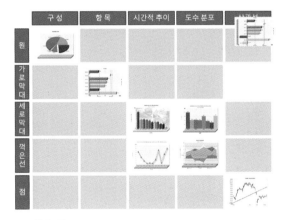

▲ 그림 3-111

목적에 적합한 그래프의 선정
그래프에는 막대 그래프, 원형
그래프, 꺾은선 그래프, 산포도
등 다양한 종류가 있다.
이러한 그래프를 단순 구성, 상
관성 또는 시간적 추이 등 목적
에 맞는 그래프를 사용하면 좀
더 간결하고 짧은 시간에 의사
전달이 가능하다.

10초 룰을 적용한 그래프 사례

그래프의 종류

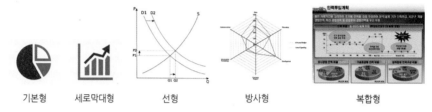

| 기본형 | 세로막대형 | 선형 | 방사형 | 복합형 |

▲ 그림 3-112

세부 분할형 그래프

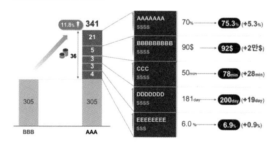

▲ 그림 3-113

변화 추이 제시형

　내가 전달하고자 하는 메시지 또는 고객이
알고 싶어하는 핵심 개념을 그래프에 표현

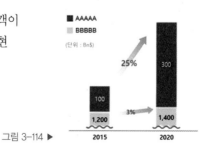

그림 3-114 ▶

프레젠테이션 리허설

'세상에 너무 많은 리허설이란 없다'.

PT를 잘하는 방법은 충분한 리허설 외에 없다고 생각한다. 발표 자료는 준비되어 있다고 보고 아래와 같이 연습해보자.

집에서는 부모님, 부인(남편)과 아이들을 앞에 앉혀 놓고 연습해 보자.

거울을 보며 혼자 연습	리허설	Video clinic 점검
평가위원, 청중은 발표자의 사소한 것도 다 바라보고 있다. 혼자 차분하게 거울을 바라보면서 보디랭귀지, 표정 관리 등을 연습하자.	실제 상황처럼 꾸며 놓고 (PC, 프로젝터, 자리 위치 특히 앞에 평가위원처럼 동료를 배석시키고 등), 원고 중심으로 실제와 같이 가능한 한 많이 연습하자. 팀원은 가능한 한 엉뚱한 질문을 던지자.	리허설 상황을 녹화해서 보자. 직접 들어보고 보완점을 수정하자. : 어색한 단어, 긴 문장, 명확하지 않은 표현, 음성의 강약, 속도 등 : 자주 나오는 의미 없는 말 (음, 아 등) : 무의식적으로 나오는 이상한 움직임 : 시선 처리(지그재그로 움직이자)

▲ 그림 3-115

함께하는 프레젠테이션 리허설

'리허설을 언제 하는 것이 좋을까? 동일 시간대에 해보자. 오후면 오후, 아침 일찍이면 일찍, 우리 몸이 익숙해질 것이다.

학교에서 분임 토의 후 과제 발표, 회사에서의 사업 보고 또는 SI 사업 등에서는 혼자 PT에 참여하는 것이 아니라 팀 전원 또는 분야별 최소 인원이 발표장에 참석하게 된다. 이 부분도 미리 준비해서 막상 현장에서 우왕좌왕하지 말자.

이 부분을 너무 믿지는 말라. 필자의 경험에 미루어 보면, 시작 직전에 갑자기 발표자와 PC 조작자만 남고 나머지는 나가 달라는 요구가 있었던 적이 있다. 따라서 발표자는 프로젝트 제안서 전체를 항상 숙지하고 있어야 하며, 어떤 상황이 되어도 절대 당황하지 말자.

SI 사업의 경우 발표자와 PC 운영자 각 1명, 분야별 담당자 1~3명으로 총 5명 정도가 배석자로서 발표장에 들어갈 수 있다. 이 중에는 컨소시엄 협력사, 특정 솔루션 담당 협력사 직원이 참여하는 경우가 많으므로 사전에 조율해야 한다. 필자는 아래 그림과 같이 팀원과 협력사 담당자 모두 불러 대형 회의실에 실제와 같이 좌석 배치를 하고 발표와 질의 응답 상황을 연습하였다.

발표 후 질의 답변 시에 발표자가 잘 모르는 분야의 질문이 있으면 배석자와 눈을 맞춘 후에 'ㅇㅇ 분야 담당 ㅇㅇㅇ입니다. ㅇㅇㅇ에 대해 세부적으로 보충 답변 드리고자 합니다. …(중략)… 이상입니다.'

발표자가 PT를 하는 동안 배석자는 무엇을 해야 할까.
평가위원의 행동을 주시하자. 제안서의 또는 화면의 어느 시스템 부분을 유심히 보는지 관찰하라. 그 부분에서 질문이 나올 가능성이 매우 많다.

손에 든 원고를 보지 않고 키워드가 머리에 익을 정도까지는 연습해야 실제 상황에서 자연스러운 모습이 나온다.

▲ 그림 3-116

▲ 그림 3-117

▲ 그림 3-118

다양한 리허설 방법

어디서 어떻게 연습을 하는 것이 좋을까? 필자가 초반에 여러 번 반복했던 프로세스를 소개하고자 한다. 물론 어느 정도 숙달되면 중간 단계는 건너 뛰어도 좋을 것이다.

1. 프레젠테이션의 생활화
    : TV의 교양 프로, 기상 뉴스, 토론 방송 등에 관심을 갖고 시청
    : 업무시간에 프로젝터 앞에 나가 실제처럼 발표하기, 동료와 대화 시에도 바른 자세 유지하기
    : 외부 세미나 참석 또는 논문을 제출하고 직접 발표하기
    : 관련 자료 공부하기(PT 관련 자료, 『한국의 이공계는 글쓰기가 두렵다』 등)

2. 나만의 긴장 해소 방법
    : 복식 호흡, 주먹 쥐었다 펴기, 발가락에 힘주기 등 표가 나지 않는 방법을 찾아보자.
    : 음료수 또는 약물은 피하자. 발표 중에 화장실 생각이 나면 게임 끝이다.

3. 발표 하루 전에는 발표 자료와 특히 스크립트는 변경하지 말자. 발표자가 연습할 시간을 주어야 한다.
    : 종종 직급이 높다고(경험도 별로 없으면서) 해서 막판까지 계속 수정을 요구하는 경우가 있다. 발표장의 모든 것을 떠안고 가야 하는 발표자를 보호해주자.

4. 팀원의 체크리스트를 확보하여 좋은 아이디어를 반영하자(다음 페이지 참조).

리허설 체크리스트를 남기기

리허설을 할 때 발표자 이외의 모든 참석자들은 1차적인 평가위원으로서 관심을 갖고 좋은 점을 지적해줄 수 있는 조력자이다. 그런데 만일 말로만 지적하면 나중에 남는 것이 없어진다. 느낀 점을 문서로 남겨달라고 요청하자.

아래는 리허설을 할 때 RED 팀원들이 지적한 사항을 문서로 남기거나 팀원 한 명이 구두로 지적한 사항을 메모한 사항이다(읽어보기 어렵게 해상도를 줄였다. 전체적인 맥락만 보기 바란다).

리허설이 끝난 후에는 반영 여부를 PM과 영업 대표가 결정하도록 한다.

좋은 점과 개선할 점을 구분하여 메모하자.

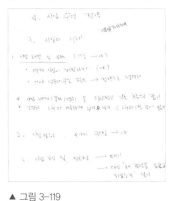

프린터 인쇄보다 손글씨로 써서 요청하는 것이 더 반응이 좋았다.

미리 장표를 출력하고, 포스트잇을 붙이는 것도 좋은 방법이다.

▲ 그림 3-119

▲ 그림 3-120

▲ 그림 3-121

프로젝트를 많이 할 경우 팀원들이 교대로 작성하도록 해보자. 부담감과 책임감을 함께 느끼고 나름대로 정성을 다할 것이다. 이 팀원들이 나중에 PM이 되고 발표자가 될 것이다.

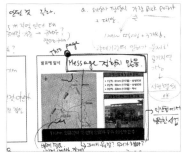

▲ 그림 3-122

▲ 그림 3-123

프레젠테이션 스크립트와 큐 카드

시작 직전에 갑자기 발표자와 PC 조작자만 남고 나머지는 나가달라는 요구가 있었던 적이 있다. 따라서 발표자는 프로젝트 제안서 전체를 항상 숙지하고 있어야 하며, 어떤 상황이 되어도 절대 당황하지 않아야 한다.

▲ 그림 3-124

앞에서 PT를 잘하는 방법은 충분한 리허설 외에 없다고 설명했다. 그러나 PT가 만만한 것이 아니다. 아무리 연습해도 갑자기 머릿속이 하얗게 되는 경우가 있다. 필자도 마찬가지이다. 그래서 스크립트와 큐 카드(Cue Card)를 이용하여 연습하고 실선에서도 활용하고 있다.

스크립트는 별도의 문서 작성기로 각 장표의 페이지별로 실제 설명할 내용을 문장으로 만들어 보자(PPT의 슬라이드 노트 작성 기능을 활용 가능). 즉, 이것은 아나운서가 사용하는 원고와 같다.

그리고 실제 상황이라 생각하고 여러 번 읽어보자. 어색한 부분, 호흡이 부족한 부분 등이 나타날 것이다. 수정하자. 강조할 부분은 굵게 또는 색깔로 표시하고 강세를 주어 설명해보자. 연습하다 보면 입에 익고, 머릿속에 남을 것이다.

'그래도 불안해. 특히 질의 응답 때 수치가 생각이 안 날 것 같아.' 등 불안하다. 이때 무엇인가 대책, 즉 도구가 필요하다. 이럴 때 큐 카드를 활용하자.

질문 요지를 메모하기 위하여 수첩을 들고 가는 것이 필요하며, 필요 시 큐 카드를 수첩 대용으로 사용하는 것이 좋다.

5장 이내의 카드에 잘 기억되지 않는 중요한 용어, 특이한 숫자 등 통계자료 등을 큼직하게 메모해 놓고, 중간 중간 커닝을 하면서 설명하거나 답변해보자. 오히려 전문가다운 모습으로 인식될 것이다.

다만, 큐 카드를 너무 자주 보면 역효과가 날 수 있으므로 조심하자. 유재석 씨와 같은 국민 MC의 진행하는 모습을 유심히 살펴보면 얼마나 자연스럽게 커닝을 하는지 알 수 있다.

실전용 스크립트

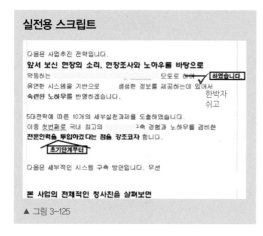

▲ 그림 3-125

실제 사용했던 큐 카드

크기: 13×8cm(가로, 세로 전후로 제작)

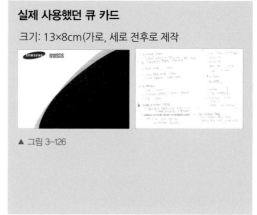

▲ 그림 3-126

PT 시나리오와 스크립트

전체를 머릿속에 넣고 스크립트를 연습하는 것이 좋다. 시나리오를 통해 어떤 장표에서 어떤 내용을 전개하고 시간은 얼마를 할애할 것이지 정한 후에 이를 토대로 스크립트를 만들어 보자. 스크립트에는 시작과 종료 단계에서 배석자들과 발표자의 행동 지침도 표시해 놓자. 그리고 리허설 때 최대한 시나리오에 맞추어 연습해보자. 그리고 보완할 사항을 챙기고 또 반복하면, 머리와 몸에 익숙해질 것이다.

▲ 그림 3-127

시나리오에는 주요 목차, 전개 방향, 장표 번호 및 소요 시간을 대략 세사해 놓자.

▲ 그림 3-128

이 시나리오를 토대로 각 장표별로 행동지침과 스크립트를 정리하고, 리허설을 착수하자.

단 계	내 용	Foil No.	시간(분)
	총 예상 소요시간		13분
		# 1, 2	1.40

문장을 잘 표현하기 위한 팁

스크립트에서 장표의 연결구 사례

부드러운 발표를 위해 각 장표를 물 흐르듯이 자연스럽게 넘어가는 스킬이 필요하다. 다만, 스크립트를 외우려고 하지 말고 전체 프레임을 머릿속에 기억하면 목소리 톤의 완급 조절 및 의미 있는 움직임이 가능해진다. 혹시 긴장될 경우에도 애드립으로 임기응변이 가능하다.

▲ 그림 3-129 애드리브라더스 중에서

시작 부분의 멘트는 쿡 찌르면 바로 나올 정도로 확실하게 암기하자.

동영상, 사진 등 본 사업과 관련 있는 주제로 간단히 발표하면 긴장 완화에도 도움이 된다. 이 부분까지는 암기하자.

표지 또는 목차 부분에서 이 발표는 몇 분정도 소요된다는 것을 설명하자.

모든 PT의 표준이다.

이때 PT 앞부분의 외울 필요가 없는 간단한 문구를 말할 때, 수초간 마음을 차분하게 다듬는 기회로 활용하면 좋다.

발표만 하기 밋밋할 때, 별도자료를 손에 들고 '3개월간 사전에 준비한 소중한 분석 결과입니다. ○○부분을 봐주시기 바랍니다. ~'라고 한 번 정도 분위기 전환하는 것도 좋다.

마지막 멘트는 자연스럽게 나올 수 있도록 암기하자. 그리고 먼저 좌장을 향해, 다음은 좌·우 평가위원을 향해 고개를 돌리며 자신 있게 말하자.

표지	안녕하십니까. 저는 ~ 이번 발표에 앞서 현장 조사 결과를 먼저 말씀드리고자 합니다.
인트로	이번 사업의 특징은 ~ 따라서 이러한 사업 특성을 충분히 인식하고
목차	~ 부터 ~까지 세 가지 항목에 대해 약 15분간 제안 설명을 드리고자 합니다.
1 주제 (강조점)	먼저 ~에 대해 설명드리겠습니다.~ 이러한 현장 조사 결과를 바탕으로
연결 장표	~ 또한 현재 상황뿐만 아니라
다음 주제 (강조점)	~한 사항을 추가 검토하였습니다. ~ 마지막으로 본 사업에 가장 중요한 ~에 대해서
마무리	그동안 설명 드린 사항을 요약하면 ~ ~ 제안사는 본사업의 성공적인 완수를 위해 ~할 것을 약속 드립니다. 경청해주셔서 감사합니다. 이상 설명드린 사항에 대해 질문이 있으시면 성실히 답변드리겠습니다.

잘 고쳐지지 않는 말하기 요령

- 단어 하나까지 암기하지 말자. 키워드를 보고 스크립트를 풀어가자.
- 목소리는 여유 있게, 강조할 때는 약간 천천히 힘 있게 리듬을 넣는다.
- 부정적인 표현이나 도망가는 표현은 금물
  : 설명드리도록 하겠습니다 → 설명드리겠습니다.
  : ~이 되겠습니다 → 입니다.
  : ~하는 것으로 알고 있습니다 → ~하고 있습니다.
- 군더더기 표현 즉, '음…', '그…', '저…' 등의 지나친 반복을 삼간다.
- 가급적 구어체로 말한다.
  : 5명 → 다섯 명
  : 사투리는 최대한 자제하고, 고쳐지지 않으면 발표자를 교체하자.
- 무의미하게 한 페이지에서 많은 시간을 소비하지 않는다.
- 어느 순간에는 침묵도 효과가 있다(특히 중요한 말을 하기 직전).
- 흡연자는 담배를 줄이거나 끊자. 발표 도중의 기침은 큰 결례이다.

스크립트를 암기하는 것이 아니고, 전체의 흐름과 각 장표의 키워드를 기억하자.
생각이 나지 않으면 키워드를 보고 애드리브를 동원하자.

필자는 과거에 발표 중 가래 때문에 혼난 후로는, 발표 1주일 전부터 담배를 줄이다가 3일 전에는 끊는다.

잘 고쳐지지 않는 행동 요령

- 여유를 갖자.
- 주제에 대한 본인의 열정을 보이자.
  : 샘플 제시, 주먹을 쥔다든가 톤을 높여 강조
  : 한곳에 고정해 있지 말고 공간을 활용
- 자연스러운 자세로 키맨(Key Man)들에게 자주 아이컨택(Eye Contact)을 할 것.

뻔이 운동을 해보자.
동료와 마주서서 최소 20초 이상 눈동자를 서로 바라보자. 상대방 눈을 두려워하지 말자.

: 시그재그 형태로(3~4초 정도 또는 문장 단위로)
- 자연스러운 손동작
  : 확실한 동작과 자연스러운 정지 동작
  : 죄수의 손 상태나 이브의 잎사귀 형태 손동작
    은 피하자.

▲ 그림 3-130

- 화면 내용을 지시할 때 상체를 확실하게, 팔은
  자연스럽게 뻗는다.
  : 목, 팔은 충분히 자연스럽게 편다.
  : 레이저 포인터를 흔들지 말고, 만약 자신 없으면 사용하지 않는다.
- 청중에게 절대로 등을 돌리지 말자.
- 몸 전체가 청중을 향하고 필요 시 상체만 45도 틀어보자.

전문가가 검토한 스크립트 사례

한때 회의실에 모여서 하는 프레젠테이션을 없애고 발표 자료와 발표 내용을
녹음한 파일로 제출하라는 프로젝트가 있었다.

평가위원들을 감동시킬 수 있는 방법이 무엇일까 고민하다가 전문 성우를 활
용하기로 하였다. 기본적인 스크립트는 필자와 팀원이 만들고, 실제 녹음은 현
직 성우가 하기로 하였다.

이때 스크립트를 어떻게 읽는지, 즉 문장을 어디서 끊고 강조는 어디서 하는
지 알 수 있는 좋은 기회였다.

아래 그림은 전문 성우가 녹음 전에 검토한 스크립트다. 참조해보자.

필자도 이후부터는 스크립트를 만들고 발표하는 습관을 이어오고 있다.

이러한 현황분석을 토대로 버스 이용자, 운전자, 버스회사 그리고 서울시 입장에서 대응방안을 수립했습니다.

시스템측면은 기존 서울시 노선관리시스템과 타 시스템의 연계강화를 고려했으며, 운영관리측면은 정보 수혜자별로 차별화된 정보 제공 및 운행관리를 중점적으로 설계했습니다.

추가적으로 버스전용차로제 및 우선신호시스템 설치를 건의했습니다.

제6장 소프트웨어 분야에 대하여 설명 드리겠습니다.

소프트웨어는 미들웨어를 이용한 오픈 아키텍처로 설계되어 확장성과 투명성을 보장하며 각 서브 시스템과 국가 ITS 아키텍처와의 연관관계를 명확히 정의했습니다. 또한 ISO 9001인증을 받은 개발방법론으로서 클라이언트 서버, WEB, 그리고 IS 비즈니스 모듈을 적용했습니다.

응용소프트웨어는 부 시스템체계를 운행관리 및 배차관리 부문, 정보제공 및 연계 부문, 센터지원 부문의 12개 부 시스템체계로 분류하고 일반이용자, 버스회사, 사령실 운영자 등 다양한 사용자에 대한 인터페이스 설계를 했습니다.

제 9 장 통신망입니다.

대용량의 무선링크, 모든 시스템의 이중화와 기술적으로는 양방향 실시간 통신 및 이동성 제공, 경제적으로는 낮은 통신원가 및 비용 등을 종합적으로 분석해 유선망은 임대망으로 구축하고 무선망은 다중 패킷방식으로 구성했습니다.

마지막으로 당사가 제출한 제안서는 본 사업의 목표인 버스의 접근성 유지, 정시성 있는 버스, 예측 가능하고 신속한 서울시 버스가 되도록 설계했으며 이를 토대로 이용 시민의 만족도 향상, 정시운행 서비스의 제공, 버스 사업자의 경영수지 개선과 함께, 서울시 대중교통의 활성화를 실현할 수 있도록 최선을 다하겠습니다.

이상 제안 설명회를 마치며 그 동안 경청해 주셔서 감사합니다.

▲ 그림 3-131

전문가다운 질의 응답하기

앞에서 질의 응답이 무엇보다 중요하다고 강조하였다. 아무리 발표를 잘해도 질의 응답에서 막히면 무용지물이다. 학교, 기업, SI 사업에서의 발표는 기술 전문가들이 하게 되므로 발표 스킬 자체가 약간 어색하더라도 이해를 한다. 그러나 질의 응답에서 막혀 버리면 청중 또는 평가위원으로부터 심각한 오해를 낳게 될 것이다. 자료 준비와 리허설로 이 문제를 극복해보자.

예상 Q&A 자료 준비

도저히 답변하기 어려운 경우가 있다. 평가위원과 논쟁하지 말자.

'아, 좋은 지적입니다. 향후 실행에 반영하겠습니다', '확인하고 즉시 서면으로 답변드리겠습니다'라고 부드럽게 넘어가는 요령이 필요하다.

각 항목별 예상 질문 및 답변을 만들고 연습해보자. 그리고 이 자료들을 모아 DB로 만들어 놓고 계속 업데이트해 놓자.

담당자를 지정해서 PT가 끝나면 해당 실제 질문과 최적의 답변을 수정해 놓고, 이러한 내용을 다음 번 제안서에 반영하면 제안서의 품질이 높아질 것이다.

발표 자료에 부가설명 자료의 하이퍼링크 연결

예상 질문에 대한 답변 자료를 첨부에 추가하고 하이퍼링크를 걸어 놓는다. 질의응답 시간에는 좌측의 메인 화면을 띄워 놓고 질문이 나오면 해당 하이퍼링크를 클릭하여 참조자료로 넘어가고 이를 바탕으로 상세하게 답변하는 것이다.

'오, 이 친구들은 준비를 많이 했네, 정성이 좋군.'이라는 반응이 대다수이다. 당연히 좋은 평가를 받게 될 것이다.

1. 해당 질문에 해당되거나 어느 정도 유사한 부문을 클릭
2. 해당 첨부 페이지로 넘어간다.
3. 답변이 끝난 후 홈 마크 (Home Mark)를 클릭하면
4. 메인 페이지로 복귀한다.

이때 PC 보좌의 역할이 중요하다. 발표자와 호흡이 잘 맞고, 순간적인 판단이 빠른 파트너를 선정하자.

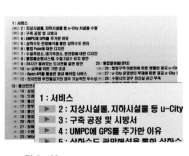

▲ 그림 3-132

▲ 그림 3-133

질의 응답 사례

발표자와 배석자 총 3~5명이 발표장에 입장한다. 어려운 질문이 나오더라도 가능한 한 일사불란하고 차분하게 답변하면 사업을 진짜 이해하고 있는 엔지니어처럼 보인다. 아래는 필자가 참석하기 어려운 상황에서 배석자 팀원들의 교육에 활용한 매뉴얼을 요약한 자료다.

<u>Q&A에서 유의할 사항</u>

1. 질문에 대해 가능하면 발표자가 답변한다.

2. 어려운 질문이 나올 경우

  2.1 일단 발표자가 기본적인 사항을 20여 초 정도 설명을 해야 한다. 비슷한 분야라도 배석자를 살짝 바라본다.

  2.2 만일, 배석자가 어느 정도 알고 있으면 고개를 끄덕이던가 살짝 손을 들어 표시해준다(중요-적극적으로 참여해서 발표자를 도와주어야 한다).

  2.3 발표자는 '세부적인 사항은 담당자가 보충 설명드리겠습니다'라고 말한다.

  2.4 담당자는 처음 답변 시 '본 사업에서 ○○ 분야를 맡고 있는 ○○○수석입니다.'라고 자기 소개를 한 후 답변을 시작한다. 다음부터는 생략 가능하다.

  2.5 정말 생각지 못한 질문이라 답변하기 어려우면 헤매지 말고 '정말 감사합니다. 그 부분은 미처 저희가 상세하게 검토하지 못한 사항이므로, 발표 후에 서면으로 답변드리고, 본 사업에 적극적으로 반영하겠습니

다만 발표자가 100% 답변하지 말고 약 30% 정도는 배석자에게 넘긴다.

배석자는 하나라도 더 평가위원에게 다가가려는 정성을 보이자.

프로젝트는 팀으로 하는 것이며, 팀의 적극성. 열정도 함께 보게 된다.

다'라고 빨리 매듭을 짓고 넘어가자. 밑천 딸리고 헤매기 시작하면 계속 헤맨다. 그리고 상대방을 띄워주는 멘트를 좀 더 준비하자.

3. 질문이 불확실할 경우에는 재질문하여 질문 내용을 명확히 정리하자.

4. 답변은 요점만 간단하게(약 30초 이내), 끝나면 '이상입니다'라는 멘트를 해보자.
   Q&A 보충 자료가 있다면 바로 화면에 띄우자. 없더라도 비슷한 자료를 화면에 띄우자. 자신의 경험을 섞어서 설명하면 더욱 효과적이며, 질문자(전문가)의 다른 평가위원을 고려하여 답변의 50%는 쉽게 설명하는 것이 좋다.

5. 추가 비용이 과다하게 발생하는 무리한 질문에 대해서는 어떻게 답변해야 할까?
   "일리가 있는 지적이라고 판단됩니다. 당사의 제안은 ○○○ 부분에 중점을 두고 설계안을 제시했지만, 위원님께서 제시한 사항을 기술 협상 시에 적극적으로 고려하겠습니다."라고 부드럽게 넘겨야 한다. 이후에 영업 대표와 함께 충분히 풀 수 있을 것이다.

   차후에 반영한다고 각서를 쓰라는 평가위원은 없다.
   좋은 지적이라는 부분을 인정하되, 부드럽게 살짝 넘어가는 요령이 필요하다.
   종종 평가위원과 말싸움을 하는 사례가 있다고 한다.

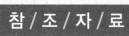

질의 응답 예시

질문

– 본 사업을 통한 고객사 자체 기술력 확보를 위한 구체적인 방안은 무엇인가요?
– 기술 이전의 구체적인 방법을 설명해주시기 바랍니다.

이 부분은 몇 개 키워드를 기억해두고, 자신 있으면 약간 풀어서, 아니면 간단하게 언급하고 넘어가자.

답변 사례

– 설계 단계부터 고객사 개발 팀의 공동 참여와 교육을 통한 철저한 기술 이전으로 자체 기술력 확보가 가능합니다. 당사가 계획하는 기술 이전 대상은 ○○시스템에 대한 아키텍처 설계, 응용 SW 개발, HW와 NW에 대한 운영 기술 그리고 통합 보안에 대한 관리 기술 등 네 가지 분야입니다.
이를 프로젝트 진행 단계별로 IT 기술의 사전 교육, 공동 설계 및 개발, 양질의 산출물 제공 등을 통해 ○○○ 개발 팀에 이전할 것을 약속드립니다.
그리고 이와 관련한 사항은 제안서 5부 2장 기술 이전 항목을 참조해주시기 바랍니다. 이상입니다.

　위와 같은 형식으로 예상 질의 응답 시나리오를 계속 업데이트해 나가자. 처음 한두 번은 답변할 때 헤매기도 하겠지만, 실무에서 얻은 경험과 리허설을 통해 쌓인 지식만으로도 충분히 자연스럽게, 특히 프로 엔지니어답게 답변할 수 있을 것이다.

주요 키워드는 청색으로 표시하였다. 이 부분은 어느 정도 숙지해 놓고, 거의 암기 수준으로 기억하자.

실전 프레젠테이션

배석자와의 팀워크

발표자와 배석사 득히 PC 보조자와의 호흡은 매우 중요하다. 일반적으로 평가장은 아래 그림과 같이 7~9명(사업 규모에 따라 다르다)의 평가위원과 3~5명의 회사 관계자가 참석한다.

이 때 팀워크를 올리고 평가위원들에게 좋은 인상을 보여줄 수 있는 방법을 하나 소개한다.

회사 배지, 명찰, 정장에 통일된 넥타이, 정중하고 자연스러운 답변 자세

한 번은 팀원이 평상복으로 평가장에 참석하려고 해서 집으로 돌려보내 옷을 갈아입고 오게 한 적이 있다. 최소한의 예의는 지키자.

배석자들 모두 회사 배지와 명찰을 달고 들어가는 순서도 정하자. 여기에다 넥타이(최소한 색상이라도)를 통일하면 무언가 단합되고 준비된 모습이 보인다고 한다.

입장 후 일렬로 차려, 인사(90도 인사), 시간 여유가 있는 PT는 배석자를 소개한다.

끝나고 나올 때도 한꺼번에 나오지 말고 출구 부분에서 모여 평가위원을 향해 가볍게 목례를 하고 나와 보자.

발표자는 배석자들이 나갈 때까지 기다렸다가 마지막에 평가위원에게 가볍게 목례를 하고 나오자.

'같은 값이면 다홍치마'라는 말은 아직도 통하고 있고, 앞으로도 통할 것이다.

▲ 그림 3-134

▲ 그림 3-135

제안, PT가 끝나고 난 후에는

'진인사 대천명'이라는 말이 있듯이 우리는 최선을 다했다. 그 결과가 수주나 실주, 또는 합격·불합격의 결과가 어떻게 나오든, 이것 하나만은 꼭 진행하기 바란다.

백서(白書)를 만들자

제안과 PT 또는 주변 상황에 대하여 잘된 점과 개선할 사항은 무엇인지, 1개월 이내에 모든 팀원들이 모여서 토론하고 그 결과를 문서로 남기자. 두고두고 도움이 될 것이다.

아래는 필자가 그동안 진행하면서 작성한 백서 중 하나이다. 낯 뜨거운 부분도 있지만, 반드시 개선해야 할 사항들이 많다. 문서로 남기자. 익명으로 해도 좋다.

위의 그림과 아래 그림은 약 9년의 시차를 갖고 있다.

매 프로젝트마다 제안과 PT는 항상 꼭 하루가 부족하다.

5년이 지나든, 10년이 지나든 백서를 검토해보면 공통적으로 나오는 말은 '다음엔 충분한 시간을 갖자'이다.

한때, 신규 사업의 PM을 맡은 후 제안서를 제출하기 하루 전날 팀원들에게 집에 들어가 푹 쉬라고 지시했으나, 선뜻 들어가지 못한 적이 있었다. 무언가 불안하다는 것이었다. 그러나 그동안 체계적으로 충분히 검토했기 때문에 내일 인쇄하고 이동하면 종료된다고 설득했던 상황이 떠오른다.

과거의 오류를 계속 개선해 나가면, 나중에는 시스템적으로 숙달된다.

문서로 남기고 반성하고 개선하자.

구분	문제점	개선사항
준비단계	· 준비기간 활용부족 변경됨	
진행단계	· 전략부분과 시스템 부분과의 연계부족	
마무리 단계	· 페이지및 구성 변경 - 페이지 제한으로 개인적으로 중요하게 판단한 내용들이 생략됨	· 담당자 입회 하에 구성변경
기타	·	
잘된 점	· 팀원간 서로 도움을 주려고 최선을 다하는 모습이 보여 좋았음	

▲ 그림 3–136

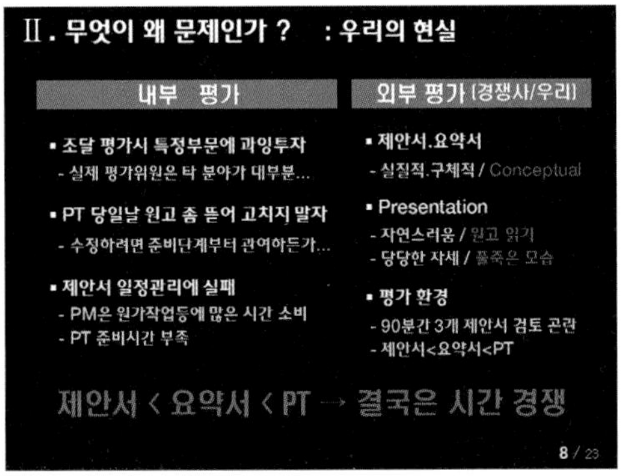

▲ 그림 3–137

Best Presenter에 대한 단상

결론적으로

성공적인 PT는 당연히 수주한 PT이며, 성공적인 프리젠터는 그동안의 프로젝트 경험을 기반으로 자신감과 신뢰성을 보여주며, Q&A를 자연스럽게 이끌어가는 엔지니어이다.

베스트 프레젠터의 핵심역량은

1. 해당 실무 경험이 풍부한 것이 좋다.
   - 전문 용어, 주요 숫자, 유사 경험 등을 숙지하고 있으므로 발표와 Q&A가 자연스럽다.
   - 말 잘하는 사람을 내세웠다가 낭패를 보는 경우가 많다.

2. 임기응변 능력이 필요하다
   - 발표는 정해진 자료와 연습으로 숙달될 수 있지만
   - 돌발 질문이 나와도 막히지 않도록 경험과 예상 Q&A DB를 통해 대응하고, 내게 취약한 부분이라도 배석자가 준비할 수 있도록 20초 정도는 시간을 끌고 갈 수 있는 준비를 하자.

3. PT 스킬 향상을 위해
   - 평상시 학회 세미나, 내부 회의, PT 콘테스트 등에 적극적으로 참여하자.
   - 외부 세미나에서 교수님들을 알아두면 평가장에서 조금은 유리하다.
   - 독자가 부서장이라면 일반 회의 시에도 팀원들을 PT 형식으로 발표시키자.

말 잘하는 발표자에게 너무 애착을 갖지 말고, 실무 경험이 있는 팀원을 교육시켜서 베스트 프레젠터로 만들자. 팀원도 자기계발에 신난다.

마지막으로 필자가 다양한 사업을 진행하며 갖게 된 나름대로의 철학을 전하고자 한다.

프레젠테이션을 준비하는 마음가짐

가장 중요한 것은 자신감이다.

내용을 잘 이해하고 내용에 확신을 갖고 철저한 준비(많은 연습)를 하라.

준비와 노력만이 공포를 99% 극복시켜준다. 피하기 어려운 상황이면 차라리 즐기자.

나만의 주문은 징크스는 무언지 파악하고, 나만의 긴장 해소법을 만들자.

왼쪽의 그림은 필자의 업무 노트 맨 앞 페이지에 붙이고 다니는 그림이다. 열과 성의로 만반의 준비를 하면 자신감이 생긴다.

시스템 엔지니어어로서의 전략적 사고를 위한 도구

그동안 필자는 신입사원 때부터 다양한 경험을 하고, 선후배들로부터 많은 것을 배웠다. 그중에 가장 마음에 두고 스스로 경계하는 문구는 '전문가의 실수를 피하라'라는 말이다.

흔히 어느 정도 경험이 생기면 자신의 머리만 믿고 논리의 함정에 빠지거나 또는 머리로만 고민해서 현실과 괴리감이 생기는 경우가 많이 생긴다.

필자는 시스템 엔지니어로서 이러한 함정에 빠지지 않도록 아래와 같이 9개의 생각하는 도구를 활용한다. 독자 여러분도 나름의 방법론을 만들기 바란다.

프레젠테이션을 앞두고 필자가 중얼거리는 말. '그 까이꺼'
'이 또한 지나가리'
유명 개그맨이 사용한 말인데. 필자의 인생에 커다란 영향을 주었다.
자신만의 주문을 만들어 보자. 또한 조그만 향수병을 들고 다니며, 손등에 살짝 뿌리고 냄새를 맡는데, 한결 마음이 편안해진다.

항상 선입관을 갖지 말고 생각을 달리 해보자. 답은 현장에 있다.
숲을 보고 중복되거나 누락된 것이 없는 논리를 만들자.
실행할 때는 항상 왜, 그래서 어떤 효과가 있는지, 아니면 어떤 일이 생길 것인지 고민하자.

MECE(Mutually Exclusive and Collectively)
예) Exhaustive(중복과 누락 없이)

▲ 그림 3-138

마무리

마무리하겠습니다.

비주얼 씽킹이란 추상적인 생각을 그림으로 표현하는 도구입니다.

스스로 생각을 정리하기 위해 감성적·직관적인 우뇌와 분석적·논리적인 좌뇌를 연결시켜주는 훌륭한 도구입니다. 특히 비주얼 씽킹은 정보가 넘쳐나고 있는 오늘날의 세계에서 소비자, 고객, 상사 등 다양한 청중을 효과적으로 끌어들일 수 있는 효과적인 무기라고 할 수 있습니다. 우리 엔지니어들에게도 믿을 수 없을 정도로 강력한 커뮤니케이션 수단이 될 것입니다.

엔지니어링 초기 단계에 그림으로 표현하는 사람이 더 훌륭한 실적을 보이는 경우가 많습니다. 특히 복잡한 시스템들을 통합하여 설계하는 시스템 엔지니어링의 경우 그림으로 표현하면 이해도가 더욱 높아지고 부족한 부분이 쉽게 눈에 띄게 됩니다. 또한 완성도가 더욱 높아지게 될 것입니다.

그림을 멋있게 그리지 못해도 상관없습니다. 상상을 그릴 수 있으면, 상상하는 것을 현실로 만드는 데 도움이 될 것입니다. 아이디어를 그림으로 표현하지 못한다면, 그 아이디어는 아마도 실현되기 어려울 것입니다.

자, 이제 책을 덮고 갖고 있는 생각을 그림으로 그려서 표현해 보시기 바랍니다.

그리고 이제부터 독자 여러분이 생각하고 실제로 겪은 경험을 바탕으로 더 효율적이고 새로운 생각 그리기 방법론을 만드시기 바랍니다. 이를 바탕으로, 우리나라와 전 세계의 기술 향상과 사업 발전에 기여할 수 있는 훌륭한 엔지니어가 되기를 기원합니다.

Foreign Copyright:
Joonwon Lee
Address: 10, Simhaksan-ro, Seopae-dong, Paju-si, Kyunggi-do,
         Korea
Telephone: 82-2-3142-4151
E-mail: jwlee@cyber.co.kr

엔지니어를 위한

비주얼 씽킹과 프레젠테이션

2018. 6. 18. 초 판 1쇄 인쇄
2018. 6. 25. 초 판 1쇄 발행

저자와의
협의하에
검인생략

지은이 | 허완철, 이봉규
펴낸이 | 이종춘
펴낸곳 | BM 주식회사 성안당

주소 | 04032 서울시 마포구 양화로 127 첨단빌딩 5층(출판기획 R&D 센터)
      | 10881 경기도 파주시 문발로 112 출판문화정보산업단지(제작 및 물류)
전화 | 02) 3142-0036
      | 031) 950-6300
팩스 | 031) 955-0510
등록 | 1973. 2. 1. 제406-2005-000046호
출판사 홈페이지 | www.cyber.co.kr
ISBN | 978-89-315-8234-5 (03190)
정가 | 19,000원

이 책을 만든 사람들
기획 | 최옥현
진행 · 교정 | 김해영
표지 · 본문 디자인 | 앤미디어
홍보 | 박연주
국제부 | 이선민, 조혜란, 김해영
마케팅 | 구본철, 차정욱, 나진호, 이동후, 강호묵
제작 | 김유석

www.cyber.co.kr
성안당 Web 사이트

■ 도서 A/S 안내

성안당에서 발행하는 모든 도서는 저자와 출판사, 그리고 독자가 함께 만들어 나갑니다.
좋은 책을 펴내기 위해 많은 노력을 기울이고 있습니다. 혹시라도 내용상의 오류나 오탈자 등이
발견되면 "좋은 책은 나라의 보배"로서 우리 모두가 함께 만들어 간다는 마음으로 연락주시기
바랍니다. 수정 보완하여 더 나은 책이 되도록 최선을 다하겠습니다.
성안당은 늘 독자 여러분들의 소중한 의견을 기다리고 있습니다. 좋은 의견을 보내주시는 분께는
성안당 쇼핑몰의 포인트(3,000포인트)를 적립해 드립니다.

잘못 만들어진 책이나 부록 등이 파손된 경우에는 교환해 드립니다.